Frank Krause

Der fünffältige Dienst

Frank Krause

Der fünffältige Dienst

Wenn der Leib Christi Jesu Wesen widerspiegelt

GloryWorld-Medien

1. Auflage 2024

Bibelzitate sind, falls nicht anders gekennzeichnet, der Elberfelder Bibel, Revidierte Fassung von 2006, entnommen. Hervorhebungen und in Klammern gesetzte Ergänzungen stammen vom Autor. Weitere Bibelübersetzungen:

GNB: Gute Nachricht Bibel, 2002
HFA: Hoffnung für alle, Basel und Gießen, 1983
JDM: Jesus der Messias, GloryWorld-Medien 2024
LUT: Lutherbibel, Revidierte Fassung von 2017
MNG: Menge Bibel
DBU: „Das Buch". Neues Testament – übersetzt von Roland Werner, © 2009 SCM R.Brockhaus in der SCM Verlagsgruppe GmbH, Witten

In Klammern gesetzte Ergänzungen stammen vom Autor.

Das Buch folgt den Regeln der Deutschen Rechtschreibreform. Die Bibelzitate wurden diesen Rechtschreibregeln angepasst.

Anmerkung zu Zitaten: Die vom Autor benutzten Zitate dienen ausschließlich der Erläuterung, Bereicherung und Untermauerung des eigenen Textes. Sie sollen zum Nachdenken anregen, inspirieren, Gedankengänge zusammenfassen und, je nachdem, den Text auflockern und den Leser zum Schmunzeln bringen. Er weist ausdrücklich darauf hin, dass er weder alle Werke der von ihm zitierten Autoren kennt noch zwingend deren Weltanschauungen oder sonstigen Ansichten teilt.

Lektorat: Brigitte Krause, Manfred Mayer
Satz: Manfred Mayer
Umschlaggestaltung: Markus Amolsch
Umschlagfoto: Günter Jung (fünfflügelige Windmühle von Wendhausen bei Braunschweig)

Printed in Germany

ISBN: 978-3-95578-634-2
Bestellnummer: 356634

Erhältlich beim Verlag:

GloryWorld-Medien
Beit-Sahour-Str. 4
D-46509 Xanten
Tel.: 02801-9854003
Fax: 02801-9854004
info@gloryworld.de
www.gloryworld.de

oder in jeder Buchhandlung

Inhalt

Einführung

Und er hat die einen als Apostel gegeben
und andere als Propheten,
andere als Evangelisten,
andere als Hirten und Lehrer.

Epheser 4,11

Ich wollte eine kleine Video-Serie über den sogenannten „fünffältigen Dienst“ aufnehmen. Daraus wurde dann schnell mehr. Für mein Empfinden ist dieses Thema für die Gemeinde noch immer ein „heißes Eisen“. Aber ohne diese im vierten Kapitel des Epheserbriefes genannten Dienstgaben, die Jesus ausdrücklich selbst der Gemeinde gegeben hat, können wir nicht der Leib Christi bzw. eine neutestamentliche Gemeinde sein. Bekehrt können wir schon sein, auch eine Gemeinde und Christlichkeit nach unseren eigenen Vorstellungen und Traditionen betreiben, aber das ist nicht, was das Neue Testament als den „Leib Christi“ beschreibt.

Vor vielen Jahren begann Jesus, mir die Tücken des religiös-institutionellen Komplexes[1], wie wir ihn heute im Allgemeinen

---

[1] Dieser „Komplex“ umfasst die komplette gewachsene Kirche mit ihrer Hierarchie, ihren vielfältigen Instituten und Verwaltungen, ihren verabsolutierten Lehrmeinungen und normierten Abläufen, etwa von Gottesdiensten. Den Begriff „Kirche“ in diesem Sinne gibt es im Neuen Testament nicht. Dort ist die Rede von der Gemeinde, die stets alle Gläubigen an einem Ort meint. Sie werden als „Ekklesia“ bezeichnet. Dieser altgriechische Begriff kann übersetzt werden mit „die berufene Gemeinschaft“. Wikipedia erklärt die Ekklesia als „... die Gemeinschaft derer, die von Jesus Christus durch das Evangelium aus der Welt herausgerufen wurden, sich um ihn im Gottesdienst (leiturgía) versammeln und von ihm zum Glaubenszeugnis (martyría) und Dienst der Liebe (diakonía „Dienst“, von διάκονος diákonos „Diener“) gesandt werden. In vielen

wiederfinden, aufzudecken. Einmal empfing ich im Gebet dazu Folgendes von Gott:

> Der ganze christliche Dienst ist in den vergangenen Jahren korrupt und korrupter geworden. Ein Eldorado der Eigenmächtigen und selbsternannten „Diener" (Beamten), die den ganzen Dienst lähmen. Ich habe Selbstlosigkeit auf die Liste der Bedingungen für den wahren Dienst ganz oben angeschrieben. Viele haben das umgangen und werden es auch in Zukunft umgehen, um den Dienst dafür herzunehmen, Seelen für sich zu fangen und sich selbst groß zu machen. Viele Christen wenden sich enttäuscht von diesen Diensten ab und wandern ziellos durch die Gegend.
>
> In vielen Diensten wird zwar der Heilige Geist angerufen, aber Menschen maßen sich an, ihn genau zu kennen, oder ihn benutzen und in ihren Dienst stellen zu können. Zu viele Dienste sind zu wenig selbstlos. Zu anmaßend. Zu selbstgerecht. Wahrer christlicher Dienst braucht auf Seiten des Menschen das Bekenntnis, dass er gar nichts weiß und gar nichts im Griff hat und gar nichts vermag. Er ist eine ständige Demütigung des Fleisches. Er ist eine ständige Übergabe an mich. *Wahre Freiheit ist immer Freiheit von sich selbst und das Loslassen aller Kontrolle.*
>
> Denkt immer daran: Nicht ihr organisiert die Freiheit und den Dienst des Geistes, sondern die Freiheit organisiert euch, und der Geist führt euch, wie er will. Ihr braucht dafür immer das Vertrauen eines Kindes, welches weder von Organisation noch von Kontrolle weiß.
>
> *Aber die Kinder werden das Reich Gottes sehen. Und auf dieses Sehen kommt es an.*

Konfessionen wird Ekklesia mit „Kirche" übersetzt." (Stichwort „Ekklesiologie", 16.3.24)

Ich benutze den Begriff „Kirche" in diesem Buch, weil christliche Glaubensgemeinschaften ab einer gewissen Größe und Struktur hierzulande so genannt werden. Viele Begriffe wie „Pastor", „Amt", „Leitung" usw. sind „kirchlich" anders belegt bzw. definiert, als es die Bibel tut. Das ist ein Problem, mit dem sich jedes Kapitel dieses Buches befasst. Die Gemeinde nicht als religiös-institutionellen Komplex, sondern als lebendige, vom Heiligen Geist getriebene Bewegung zu verstehen, ist meines Erachtens eine geistliche Revolution.

Sie sehen den Vater, sie sind nahe beim Vater, und so werden sie auch wie der Vater und tun schließlich ganz intuitiv die Werke des Vaters, denn sie sind eins mit ihm.

Ich tat, was ich den Vater tun sah. Das war mein ganzer Dienst. Ich gründete keine Organisation und ich kontrollierte niemanden. Dennoch führte ich täglich ein Team von vielen Jüngern, bildete sie aus und machte sie zu einer mobilen Einsatztruppe, über die sich noch heute jede Organisation den Kopf zerbrechen würde, wie das nur funktioniert hat.

Der Motor dieses Unternehmens war ich, der ich sah, was Gott tut und mich auf diesem Weg und auf dieser Ebene in der Kraft des Heiligen Geistes bewegte. Dies ist auch heute der Motor des wahren Dienstes: Menschen sehen mich und gehen mit mir und tun meine Werke in der Kraft des Heiligen Geistes. Also seht mich! Seht mich an. *„Die auf ihn schauen werden strahlen"* (Psalm 34,6).

Die Freiheit, zu der Christus uns befreit hat, wollen wir schon haben, aber Selbstlosigkeit? Das Reich Gottes sehen, klingt wundervoll, aber dafür die Kontrolle aufgeben? Wo soll das hinführen? Ein strahlendes Angesicht würde uns ebenfalls gut gefallen, aber diese totale Abhängigkeit vom Heiligen Geist, der uns das strahlende Angesicht Jesu offenbart, das erscheint uns doch zu „fanatisch" und „übergeistlich".

Es ist die Gabe und Aufgabe des fünffältigen Dienstes, uns – die Gemeinde – mit diesen Dimensionen der Freiheit, des Reiches Gottes und der Widerspiegelung des Angesichtes Jesu vertraut zu machen. Eine theologische Meinung darüber zu haben ist etwas anderes, als es wirklich und wahrhaftig zu erleben und davon in andere Menschen verwandelt zu werden. Aber darum geht es.

Neben einer Beschreibung der fünf „Ämter", wie diese Dienste auch genannt werden, befassen wir uns im vorliegenden Buch mit diesem Dilemma und der Frage, wie Gott diese festgefahrene Situation aufbricht. Denn meiner Meinung nach wird es ohne diese Dienstgaben keine nennenswerte Erweckung geben können. Das ist eine steile Aussage, ich weiß. Viele Kirchen und christliche Versammlungen behaupten etwas anderes, zum Beispiel, dass es diesen fünffältigen Dienst heute gar nicht mehr braucht und darum auch nicht mehr gibt.

Sie argumentieren, da der Gemeinde das Neue Testament als Richtschnur schriftlich vorliege und die Kirche fest etabliert sei, wofür brauche es da noch Apostel und Propheten? Heutzutage reichen die Pastoren (und Ältesten) als Gemeindeverwalter völlig aus. Ab und an gibt es mal einen hervorragenden Lehrer und begabten Evangelisten, das bestreitet niemand, aber grundsätzlich ist der fünffältige Dienst zum einfältigen, nämlich pastoralen, geworden.

Eine Bekannte, der ich aufgrund ihrer Erfahrungen im Reisedienst das Skript zu lesen gab, stellte mir angesichts der vielen kritischen Beobachtungen, die ich hinsichtlich der etablierten Kirche anstelle, die Frage, ob ich dieses Buch aus einem verletzten und bitteren Herzen heraus geschrieben hätte? Und für wen diese Ausarbeitung nützlich und sinnvoll sein solle?

Mein Antwort lautet, dass wohl noch jeder, der den Weg der Jüngerschaft gehen will und sich an Jesus hält, in Konflikt mit dem „System" der institutionalisierten Kirche und Gemeinde gerät. Viele gutmeinende Christen haben sich schon eine „blutige Nase" geholt, wenn sie in ihrer Gemeinde die Frage nach dem fünffältigen Dienst gestellt haben. Sie wurden mit ihren Anliegen abgewiesen, ihren Reformideen wurde kein Gehör geschenkt und wenn doch, wurden sie enttäuscht, weil die Entscheidungsträger völlig andere Vorstellungen von der Gemeinde vertraten als sie. Beharrten sie darauf, „dass es aber in der Bibel steht", wurden sie als „Fundamentalisten" oder gar „Sektierer" bezeichnet.

Also ja, die Gemeinde in der allgemeinen Verfassung ist meiner Meinung nach zu Jüngerschaft nicht bereit und kaum dazu fähig, darum verletzt und erbittert sie jene, die meinen, aufgrund des neutestamentlichen Vorbildes auf dem fünffältigen Dienst bestehen zu müssen.

Darüber hinaus finden wir eine stereotype Verhinderung des fünffältigen Dienstes zugunsten eines pastoralen Monopols. Ohne das Zusammenspiel aller Dienstgaben kann die

Gemeinde aber unmöglich dem neutestamentlichen Muster und Maß entsprechen und ist in ihrer missionarischen Wirkung eingeschränkt.

Auf diesem Hintergrund stellt sich die Frage, ob eine solche Kirche und Gemeinde überhaupt legitimiert ist, sich so zu nennen. Auf dem evangelischen Kirchentag 2023 in Nürnberg schrie Pastor Quinton Ceasar aus Wiesmoor beim großen Abschlussgottesdienst vor einem jubelnden Publikum ins Mikrofon: „Jetzt ist die Zeit zu sagen: ‚Wir alle sind die Letzte Generation'[2]. Jetzt ist die Zeit zu sagen: ‚Black lives always matter.'[3] Jetzt ist die Zeit zu sagen: ‚Gott ist queer[4]!'" Was soll man dazu sagen? In wenigen Sätzen haute der Prediger einen ganzen Strauß von Ideologien heraus, deren Anerkennung „Toleranz" widerspiegeln soll. Und Toleranz scheint heute das

---

[2] Die **Letzte Generation**, ist ein Zusammenschluss von Klimaaktivisten in Deutschland und in Österreich. Er verfolgt das Ziel, durch Mittel des zivilen Ungehorsams Maßnahmen der Regierungen zur Einhaltung des Übereinkommens von Paris und des 1,5-Grad-Ziels zu erzwingen. Die Anfang 2022 begonnenen Aktionen bezeichnen die Aktivisten als Aufstand der Letzten Generation, weil nach ihrer Ansicht die Überschreitung von Kippelementen im Erdklimasystem drohe und sie der letzten Generation angehörten, die noch in der Lage sei, „den völligen Erdzusammenbruch vielleicht noch aufzuhalten". Aufsehen erregt die Gruppe insbesondere, weil sich die Aktivisten bei vielen Aktionen auf Straßen festkleben und den Verkehr blockieren (Wikipedia 9.10.23).

[3] **Black Lives Matter** (BLM, englisch für „Schwarze Leben zählen") ist eine transnationale Bewegung, die in den Vereinigten Staaten entstanden ist und sich gegen Gewalt gegen Schwarze bzw. People of Color einsetzt. Black Lives Matter organisiert regelmäßig Proteste gegen die Tötung Schwarzer durch Polizeibeamte und zu anderen Problemen wie Racial Profiling, Polizeigewalt und Rassismus (Wikipedia 9.10.23).

[4] **Queer** ist heute eine Sammelbezeichnung für sexuelle Orientierungen, die nicht heterosexuell sind, sowie Geschlechtsidentitäten, die nichtbinär oder nichtcisgender sind. Seit etwa Mitte der 1990er Jahre wird der Begriff zunehmend als positive Eigenbezeichnung queerer Personen verwendet. Oftmals sind mit queer ähnliche Personengruppen gemeint wie mit den Abkürzungen LGBT, LSBT u. a. ... Die postmodern und queer begründete Kulturtheorie wird als Queer-Theorie bezeichnet, sie ist Anfang der 1990er Jahre in den USA entstanden. Die Queer-Theorie möchte sexuelle Identitäten, Machtformen und Normen, Geschlechterrollen und sich eventuell daraus ergebende Ausbeutungsverhältnisse analysieren und dekonstruieren (Wikipedia 9.10.23).

„11. Gebot“ zu sein, der neue Inbegriff christlicher Ethik. Aber Gott ist kein Ideologe! Er liebt alle Menschen, aber keine Ideologie. Nicht eine. Er ist geradezu ein Zerstörer von Ideologien aller Art, um die Menschen aus ihren Korsetten und Gedankengefängnissen zu befreien. Jesus hat sich zu keiner Ideologie bekannt, auch keiner religiösen, sondern zum Vater im Himmel und seinem Reich, das *nicht von dieser Welt ist*. Dorthin nimmt er uns mit, und dort gibt es keine Ideologien, die Menschen gegen Menschen aufhetzen und Menschen für ihre Zwecke instrumentalisieren.

Da die institutionelle Kirche Jesu Konzeption von Gemeinde seit Jahrhunderten umgeht und sein Wort zum Thema faktisch aussetzt, um ein eigenes Programm und religiös-hierarchisches Konstrukt zu etablieren, kann man verstehen, dass schon die Reformatoren das größte Problem der Kirche in der Kirche selbst sahen. Einige waren der Meinung, man müsse das „falsch gebaute Haus“ komplett abreißen, um ein neues, grundlegend anders strukturiertes, zu errichten. Jeder, der sich mit der Erneuerung der Gemeinde auseinandersetzt, steht auch heute vor dieser Frage. Wobei Gott offensichtlich je nach Notwendigkeit beides tut: Die einen Gemeinden können „geheilt“ und „renoviert“ werden, andere aber müssen beendet und grundlegend neu aufgebaut werden. Die Vorlage für diese unterschiedlichen „Behandlungen“ finden wir in den sieben Sendschreiben Jesu an verschiedene Gemeinden in den Kapiteln 2 und 3 der Offenbarung.

Das vorliegende Buch bringt also einerseits das Dilemma des gewachsenen Christentums klar zur Sprache, andererseits aber auch die hoffnungsvollen Ansätze der geistgewirkten Wiederherstellung des fünffältigen Dienstes, wie wir sie in den letzten 30–40 Jahren erleben.

Mit meinen Lesern werfe ich einen aktuellen und informativen Blick auf die einzelnen Abteilungen des fünffältigen Dienstes. Denn so klar, wie wir es uns wünschen würden, ist das Verständnis der einzelnen Aspekte der Dienstgaben im Allgemeinen nicht. Wenn in der Gemeinde nicht darüber gesprochen wird, weil eine Umsetzung unerwünscht, personell unmöglich oder aufgrund gewachsener Tradition undenkbar ist, haben die Mitglieder häufig keine Ahnung, was z. B. „apostolisch“ oder „prophetisch“ überhaupt sein soll. Sie verbinden damit anachronistische Vorstellungen und können sich eine apostolische und prophetische Gemeinde in einer modernen Variante nicht vorstellen.

Aber nicht überall auf der Welt läuft es kirchlich/gemeindlich so wie in Deutschland. Andere Kulturen haben wesentlich andere Gemeindeformen hervorgebracht. Das Internet gibt uns die Möglichkeit „in alle Welt“ zu gehen und diese teilweise markant unterschiedlichen Entwicklungen, Prägungen und Ausgestaltungen von „Kirche“ zu sehen und zu hören. Und da finden wir auch Dienste und Gemeinden, die radikal evangelistisch, außergewöhnlich in der Lehre, mächtig apostolisch und prophetisch sind. Ja, es gibt auch dort Einseitigkeiten und Extreme, die niemandem gefallen können, aber es finden sich auch großartige und gesunde Vorbilder, die uns über alle Maßen inspirieren können, unsere Vorstellung von Kirche zu erneuern und zu erweitern.

Kapitel 1

Die große Anmaßung

Gott hat doch gesagt ... Ihr aber sagt: ...
So habt ihr das Wort Gottes außer Kraft gesetzt
durch eure Tradition. Ihr Heuchler ...

Matthäus 15,4-7a (JdM)

Amtsträger

Die Aspekte der fünffältigen „Setzung“[1], wie die fünf Dienstgaben auch genannt werden, können als „Ämter“ bezeichnet werden, „da sie sich durch eine dauerhafte Übertragung auf den entsprechenden **Amtsträger** sowie durch eine rechtliche und christlich-theologische Begründung auszeichnen. Die Ausprägung der Ämterstruktur gehört zu den grundlegenden Elementen einer jeden Kirche. Ein Amtsträger ist eine (qualifizierte) Person, die innerhalb einer Verwaltung als die weisungsgebundene Organisation mit dem Auftrag des Verwaltens (der Administration) beauftragt ist“ (Wikipedia).

In dieser Beschreibung erkennen wir unschwer sowohl die Institutionalisierung als auch Funktionalisierung der Ämter und entsprechend Beauftragten, also „Beamten“. Sie arbeiten

[1] *„Denn der Herr hat* ***gesetzt*** *die einen als Apostel, die anderen als Propheten ...“* (alte Übersetzung von Eph 4,11).

jetzt *„innerhalb einer Verwaltung als weisungsgebundener Organisation*“. Alle Dienste und Gaben werden heute allgemein und vorwiegend funktional gesehen und „weisungsgebunden“ gehandhabt. Jeder Dienst hat ein entsprechendes Aufgabenprofil zu erfüllen, das von der übergeordneten Organisation festgelegt, ausgebildet, eingesetzt und kontrolliert wird. Erfüllt jemand die administrativen Ansprüche der Organisation für die vorgegebene Aufgabe bzw. die „Stelle“, wird er lizensiert bzw. ordiniert, um dann angestellt und entsprechend vergütet zu werden.

Auch die „Ältesten“ der Gemeinden werden in diesem „Geist der Verwaltung“ primär funktional gewählt. Wer sie dabei sind, wie reif ihr geistliches Leben ist, wie klar die Hand Gottes bzw. Salbung des Geistes auf ihrem Leben liegt, solche Kriterien – da sie „sachlich“ schwer zu bemessen, nachzuweisen und zu protokollieren sind – finden sich nicht in den Statuten des bürokratischen Apparates der Firma Kirche.[2]

Über das **„kirchliche Amt“**, wie es heute verstanden und praktiziert wird, lesen wir auf Wikipedia Folgendes:

- In der **römisch-katholischen Kirche** ist ein Amt zunächst „jedweder Dienst, der durch göttliche oder kirchliche Anordnung auf Dauer eingerichtet ist und der Wahrnehmung eines geistlichen Zweckes dient.“
- In den **evangelischen Kirchen** bezeichnet der Begriff „Amt“ ein übergeordnetes geistliches Amt, das eine Vielzahl von Funktionen und Aufgaben innerhalb der Kirche umfasst.
- Innerhalb der **evangelisch-reformierten Kirchen** bildete sich die auf Martin Bucer zurückgehende **Vierämterlehre** heraus. (Die Vierämterlehre ist eine theologische Lehre, die besagt, dass für die richtige Ordnung der Kirche vier Ämter notwendig seien ... Calvin nennt unter Berufung auf das Neue Testament vier Ämter, die es in jeder Kirchengemeinde geben müsse: Pastoren oder Hirten, Lehrer, Älteste und Diakone.)

---

[2] Darüber habe ich eine Schrift verfasst: „Gemeinde – Familie oder Firma?“, https://www.autor-frank-krause.de/gemeindefirma.html

- In vielen **evangelischen Freikirchen** bildeten sich dagegen **dreifache Ämter** heraus. Für die täuferischen Mennoniten können die Ämter der Ältesten (zum Teil auch Bischof genannt), Prediger (oder Pastoren) und Diakone genannt werden. Auf den Bruderhöfen der Hutterer gab es jeweils einen Diener des Wortes (= Prediger) und einen Diener der Notdurft (= Diakon).
- Laut den evangelisch-lutherischen Bekenntnisschriften ist das **geistliche Amt** bzw. Predigtamt bzw. **Amt der Schlüssel** von Gott eingesetzt, das Evangelium rein zu verkündigen und die Sakramente ihrer Einsetzung gemäß zu verwalten (CA V). In der Ausübung des geistlichen Amtes handelt der Amtsträger als Stellvertreter Christi (ApolCA VII). Wer das Predigtamt ausüben will, muss dazu von der Kirche ordiniert sein (CA XIV).[3]

Unter dem römischen Kaiser Konstantin[4] (270–337) wurde das **Christentum** „erfunden", eine nahtlos an das römische Reich angepasste, hierarchische, religiöse Regierungs- und Verwaltungsstruktur mit eben jener rein funktionalen Bediensstung/Beamtung, wie wir sie heute in fast jedem Bereich der Regierung, in Organisationen und Firmen jeder Art und allgemein in der Wirtschaft finden.

Da „Jesus folgen" ein schwer zu definierender und unkontrollierbarer Aspekt ist, wird die Nachfolge in der Bewerbung zu einem geistlichen Posten innerhalb dieser behördenartigen, kirchlichen Verwaltungsstruktur nur am Rande erfasst oder gar nicht erst angesprochen. Unter diesen Umständen wundert es nicht, dass wir heutzutage Pastoren und Gemeindeleiter

---

[3] Wikipedia, „Kirchliches Amt", 20.1.22.

[4] „Religiöser Fundamentalismus ist das stärkste, massivste, allerdings meist auch attraktivste und faszinierendste, die Massen am meisten einnehmende und einfangende Motiv, weswegen jede Machtpolitik stets bedacht sein wird, eine Religion oder Konfession für ihre Ziele einzuspannen. Kein Zufall, dass der **römische Kaiser Konstantin** (ca. 270–337) das immer stärker werdende Christentum zur Staatsreligion machte, obwohl er zu dem Zeitpunkt selbst noch kein Christ war." – Hubertus Mynarek, „Gedanken zur Logik der Macht", aus: „Aufklärung und Kritik" 1/1998, S. 27 ff. (Wikipedia: „Konstantin der Große", 21.1.2022).

finden, die sich weder bekehrt haben noch wiedergeboren sind. Sie erledigen ihren Job ...

Ich erwähne die kirchliche Strukturentwicklung so detailliert, weil wir als Mitglieder unserer westlichen Kultur römisch geprägt sind und uns eine „funktionierende" Gemeinde quasi nur in diesem hierarchisch-institutionellen Rahmen vorstellen können. Dass Jesus seine Gemeinde möglicherweise *grundsätzlich anders* bildet und führt, ist uns ausgesprochen schwer vorstellbar. *„Wie sollte er das denn tun?"*, fragen wir uns und kommen auf keine erleuchtete Idee, weil wir in unserem zweckrationalen und hierarchiegeprägten „Top-down"-Denken gefangen sind.

Die Pastorenkirche ist seit Jahrhunderten bei uns das gängige Modell. Bei manchen Kirchenverbänden sind die Gemeindeversammlungen zwar das „Organ" mit der höchsten Autorität, jedoch krankt dieses Modell an der Unmündigkeit der Mitglieder, die zum großen Teil gar keine „Jünger"[5] sind, sondern „Besucher", die in ihrer Gemeinde eine Art Dienstleistungsunternehmen für religiöse Angelegenheiten sehen, für dessen Angebote sie bezahlen und „demokratisch" mitbestimmen wollen. Das mag übertrieben klingen, aber die heute allgemein vorherrschende Konsum- und Geschäfts-Mentalität sitzt tief. Wenn nun irdisch-, materialistisch- und geschäftsgesinnte Leute in den Mitgliederversammlungen über geistliche und himmlische Aspekte nachdenken, beten und entscheiden sollen, sind sie dazu nicht wirklich in der Lage. Zudem ist der Entscheidungskorridor eng, weil die Gemeinde-Ordnung, die Satzung (e.V. oder KdöR[6]) sowie die Vorgaben

---

[5] Ein Jünger ist mehr als ein Schüler. Wenn es auch in religiösen Bezügen ausgesprochene Lehrer-Schüler-Verhältnisse geben kann, geht die Beziehung des Jüngers zum Meister insofern darüber hinaus, als der Jünger vor dem Erwerb von Wissen und Fähigkeiten z. B. die Erfahrung der Gemeinschaft, persönlichen Verbundenheit und des Vertrauens genießt" (Wikipedia, Stichwort „Jünger", 12.3.24).

[6] e.V. = eingetragener Verein.
KdöR = Körperschaft des öffentlichen Rechts.

des kirchlichen Verbandes bzw. der Denomination den Spielraum stark einschränken.

Mein Eindruck in diesem Zusammenhang ist, dass es gerade die Apostel und Propheten wären, die ihren Finger auf diese ständig zunehmenden Einschränkungen legen könnten. Denn die Frage stellt sich, wieviel Freiheit Christus noch eingeräumt wird, *seine* Gemeinde so zu führen und zu entwickeln, wie ER das will, und nicht wie wir das bestimmen? Ein starres, dogmatisches sowie bürokratisches Korsett nimmt der Gemeinde die Luft zum Atmen und die Beweglichkeit, Jesus zu folgen. Der Geist aber bewegt sich immer, denn er *ist* ja Dynamik. Er brennt wie ein Feuer, fließt wie ein Fluss und weht wie der Wind. *„So ist ein jeder, der aus dem Geist geboren ist“* (Joh 3,8). Wie kann man ihn in eine Satzung oder starre Hierarchie „einsperren“ oder gar bürokratisch „verwalten“?

Freiheit

Wir sehen, dass Jesus als der „Christus“, also der „Gesalbte“ Gottes, in den Evangelien unaufhörlich in Bewegung ist. Der Geist führte ihn einen unberechenbaren Weg voller ungeplanter Ereignisse und nicht terminierter und organisierter Großveranstaltungen jenseits jeder Genehmigung, Norm und Regel. Jesus war unerträglich frei, unorthodox und gefährlich fürs System. Er war mächtig mit einer Macht, die weder die Synagoge (Israel) noch die Regierung (Rom) ihm verliehen hatten und die sie nicht einschätzen konnten. Jede heutige „Gemeinde“ nimmt jedoch für sich „Freiheit“ in Anspruch. Heißt es doch:

> *Für die Freiheit hat Christus uns frei gemacht. Steht nun fest und lasst euch nicht wieder durch ein Joch der Sklaverei belasten!* (Gal 5,1).

Was für eine Freiheit aber ist das, zu der wir befreit sind, und wo fängt das „Joch der Sklaverei“ an, vor dem wir uns hüten sollen? Die „Freiheit“, mich in einer hierarchisch geordneten

Gemeinde unter eine Flut von Vorgaben, Erwartungen und Richtlinien sowie die vorgesetzten „Beamten“ zu beugen, die mich „betreuen und überwachen“, ob ich mich auch dem System konform benehme und dafür in den Himmel komme? Ist das die Freiheit, zu der ich von Jesus befreit worden bin? Ist eine solche Gemeinde ein „Joch“ der Fremdbestimmung (= Sklaverei) oder werde ich wirklich frei, ich selbst zu sein in der Beziehung zu Jesus, der *als Einziger* frei ist, *wirklich* er selbst zu sein?

In den Evangelien finden wir die dramatische Geschichte, wie das „System“ kurzen Prozess gemacht und den Störenfried und Fanatiker Jesus hingerichtet hat, um seine Geschäfte in aller Ruhe weiterzuführen wie eh und je. DAS versteht eine Hierarchie unter „Frieden“. Man hat die „Freiheit“, sich unterzuordnen und zu gehorchen, dann wird man in Ruhe gelassen und „gesegnet“. Sollte man davon abweichen, wird man sanktioniert.

Die „Matrix“, in der wir leben, ist ein Konstrukt aus ideologischen, kulturellen, religiösen, politischen, psychologischen, sozialen und anderen Prägungen, in die wir von Kindesbeinen an eingepasst werden. Wieviel Freiheit bleibt?

Jesus ist „nicht von dieser Welt“ und untersteht damit auch nicht ihren Gesetzen und Vorschriften. Er leitet seine Identität, Bedeutung und Freiheit von keiner Institution und ihrer Genehmigung ab, sondern vom Angesicht des Vaters. Das ist etwas ganz anderes. An ihm, dem SOHN, sehen wir den Vater. Und der ist kein Vorstand eines Imperiums, sondern eben ein VATER.

Nun ruft Jesus uns auf, zu ihm zu kommen und noch mehr, *in ihn hinein*zukommen. Sind wir ein Teil von ihm selbst, dann sind wir auch frei von der Welt und ihrer regelwütigen Matrix. Gemeinsam mit dem SOHN sind wir KINDER des VATERS. Ob Frauen oder Männer – wir sind gemeinsam mit Jesus, oder wie das Neue Testament es nennt „**in** Christus“, **in** den Himmel und **in** die ursprüngliche Position als Gegenüber des Vaters gesetzt.

Was es bedeutet und bewirkt, **in** der unmittelbaren Nähe zu Gott zu leben, welches Maß an erleuchtetem und heiligem Menschsein sich dabei entfalten kann? Ich denke, eine Institution hat keine Ahnung davon und will es auch gar nicht wissen, da ein solch göttliches Menschsein ihre Aufsicht und Kontrolle, Vorgaben und Regeln womöglich obsolet machen und die ganze Hierarchie auflösen würde, denn

> *… das ist der Bund, die Abmachung, die ich mit dem Volk Israel nach jener Zeit ermöglichen werde, sagt Gott: Ich werde mein Gottesgesetz* ***in ihr Denken*** *einpflanzen und werde es* ***in ihre Herzen*** *einschreiben, und ich werde für sie ihr Gott sein, und sie werden für mich mein Volk sein. Dann wird keiner versuchen, seinen Mitbürger oder seinen Bruder zu belehren mit Worten wie: ‚Bemühe dich darum, Gott zu erkennen!' Sondern* ***sie werden mich alle kennen,*** *der Kleinste unter ihnen genauso wie der Größte! Denn ich werde ihnen mit Barmherzigkeit begegnen, obwohl sie der Ungerechtigkeit in ihrem Leben Raum gegeben haben, und ich werde mich an ihre Schuld nicht mehr erinnern." Da Gott also von einer* ***neuen Art der Verbindung*** *spricht, hat er die erste Abmachung für veraltet erklärt. Und das, was alt und überholt ist, steht kurz davor, ganz zu verschwinden* (Hebr 8,10-13 DBU).

Ob uns eine Institution à la „Amts"-Kirche Gott vermittelt – gegen eine Gebühr und lebenslange Abhängigkeit – oder *er selbst* sich uns persönlich mitteilt, DAS macht einen riesengroßen Unterschied. Denn wir brauchen gar keine Priester und Pastoren – keinen Klerus – mehr, die zwischen uns und Gott stehen, sondern stehen selber vor Gott. Die Vermittlung hat Jesus übernommen, der damit unser Hohepriester ist:

> *Doch der Messias ist in diese Welt gekommen als der* ***oberste Priester*** *(Hohepriester), der die uns geschenkten Segensgüter mit sich bringt. Er ist durch ein noch bedeutenderes und vollkommeneres Gotteszelt hindurchgeschritten, eins,*

> *das nicht mit menschlichen Händen erbaut ist (die Stiftshütte). Und das bedeutet, dass dieses Zelt nicht Teil von dieser Schöpfung ist. Genauso hat er nicht das Blut von Böcken oder Kälbern mit sich gebracht. Nein, er ist mit seinem eigenen Blut ein für alle Mal in die heilige Gegenwart Gottes eingetreten und hat für uns somit eine Erlösung erworben, die in alle Ewigkeit hinein gültig ist.*
> *Es ist so: Das Blut von Böcken und Stieren und die Asche, die beim Verbrennen einer jungen Kuh übrigbleibt, reinigen die Menschen äußerlich, wenn sie auf diese gesprengt werden. Um wie viel mehr wird dann das Blut des Messias, der durch den ewigen Gottesgeist sich selbst vor Gott dargebracht hat, als ein untadeliges Opfer, unser Gewissen reinigen! So können wir uns von den Werken, die doch kein echtes Leben hervorbringen, abwenden und* ***werden dazu fähig, dem lebendigen Gott zu dienen! Deshalb ist er, Jesus, der Vermittler*** *eines ganz neuen Gottesbundes*
> (Hebr 9,11-15a DBU).

Es ist also nicht die Aufgabe der Gemeindeleitung und ihrer wie auch immer gearteten „Ämter", uns Gott zu vermitteln, weil er sich uns ja selber mitteilt. Ihre Aufgabe besteht darin, uns in dem Prozess der zunehmenden Wahrnehmung von und Erfüllung mit Gott zu begleiten. Zum Beispiel teilt sich Gott uns durch folgende Mittel mit:

> *Wenn die letzte Zeit anbricht, sagt Gott, dann gieße ich über alle Menschen meinen Geist aus. Männer und Frauen in Israel werden dann zu Propheten. Junge Leute haben Visionen und die Alten prophetische Träume. Über alle, die mir dienen, Männer und Frauen, gieße ich zu jener Zeit meinen Geist aus und sie werden prophetisch reden* (Apg 2,17-18 GNB).

Wenn also der Heilige Geist über uns ALLE ausgegossen wird, damit ein jeder von uns SELBST vor Gott stehen und seine Worte hören und aussprechen (= prophezeien) kann, dann bedeutet das, dass wir den fünffältigen Dienst brauchen, um uns in diese vielfältigen Dimension der **Salbung** einzuführen. Wir müssen ja lernen, mit Träumen, Visionen und Weissagung umzugehen. Wir müssen ein Verständnis dafür gewinnen, wie Gott uns an seiner machtvollen Mission beteiligt, die ganze Welt zu befreien und zu verwandeln. Wir müssen Erfahrungen mit der Kraft Gottes und ihrer Anwendung machen. *„Denn das Reich Gottes besteht nicht in Worten, sondern in Kraft“* (1 Kor 4,20). Wir sollen die Tiefe, Weite und Höhe der SOHNschaft Jesu, an der wir beteiligt sind, ergründen und unser Bürgerrecht im Himmel (Phil 3,20) aktiv wahrnehmen.

Es gibt eine Menge fantastischer und übernatürlicher Bereiche und Möglichkeiten zu entdecken und zu entfalten, von denen wir zuvor noch nie gehört haben – auch in vielen Kirchen nicht, weil es dort stets um andere Inhalte geht, etwa darum, wie wir gute Knechte bleiben, aber nicht, wie wir Freie werden. Uns werden nicht die Flügel des Geistes gegeben, um in den Himmel aufzusteigen, sondern die Ketten der Religion angelegt, um schön auf dem Teppich zu bleiben und unter kontrollierten Bedingungen „Religion“ zu betreiben.

Die Offenbarung Jesu Christi

Die Freiheit, zu der Christus uns befreit hat, ist seine eigene. Ihr grenzenloses Potenzial kann sich uns – einem jeden individuell – nur durch Offenbarung erschließen. *Die Gemeinde Jesu ist ein Ort kontinuierlicher Offenbarung Jesu Christi durch den Heiligen Geist.* Da Jesus lebendig ist, ist es die Offenbarung auch, und somit auch die Gemeinde, die sie empfängt und Christus widerspiegelt. Sie ist nicht immer und überall gleich. Gleichschaltung riecht nach Formalismus, Gesetzlichkeit und Kadavergehorsam.

Aufgrund der genannten römischen Prägung werden heute die charismatischen „Ämter“ des fünffältigen Dienstes, wie schon gesagt, sowohl hierarchisch als auch funktional betrachtet, *aber nicht menschlich und göttlich.* Gott schickte der Gemeinde keine Funktionäre mit Ablaufplänen, Organigrammen und Bedienungsanleitungen, sondern *gesalbte Menschen*. Der Geist wird nur über und in *Menschen* ausgegossen, weil sie lebendig sind, und niemals auf Institutionen, die nicht lebendig sind.

In seinem empfehlenswerten Buch „Gott hat gesetzt ... – Auftrag und Aufgabe der charismatischen Ämter“, weist Reinhold Ulonska, ehemaliger Präses des Bundes freikirchlicher Pfingstgemeinden (BfP), darauf hin, dass es in 1. Korinther 12,1 heißt:

> *Was aber die* ***Geistesmenschen*** *betrifft, liebe Brüder, so will ich nicht, dass ihr ohne Kenntnis seid.*

> Er sagt: „Es ist eigenartig, dass in fast allen Bibelübersetzungen steht: ‚Was die geistlichen *Gaben* betrifft ...‘ oder ‚In Bezug auf die geistlichen Gaben ...‘ So steht es aber an dieser Stelle gar nicht wörtlich im Grundtext. Gewiss, man könnte diesen Vers in diese Richtung deuten und eben, wie viele es tun, durch das Wort Gaben ergänzen. Aber ich meine, dann würde man die ganze Absicht des Apostels Paulus missverstehen. Er will in diesen drei Kapiteln, 1. Korinther 12–14, nicht nur eine Abhandlung über die geistlichen Gaben geben, sondern er möchte zeigen, was es bedeutet, ein Geistesmensch zu sein.“[7]

Gott sendet seiner Gemeinde gesalbte Menschen, die in der Lage sind, die ganze Gemeinde unter die Salbung des Heiligen Geistes zu bringen, damit sie zum Leib Christi wird – einem Gefäß für Jesus Christus, DEN Gesalbten.

In meinem menschlichen Leib wohnt mein menschlicher Geist. Sowohl mein Geist als auch meine Seele sind unsichtbar, werden aber durch den Leib ausgedrückt und physisch abgebildet. Nicht anders verhält es sich mit dem Leib Christi. Er beherbergt den Geist Christi, der sich durch seinen Leib physisch mitteilt und manifestiert. *An der Gemeinde wird also*

---

[7] R. Ulonska, *Gott hat gesetzt ... – Auftrag und Aufgabe der charismatischen Ämter*, Leuchter-Verlag Erzhausen 1995, S. 18.

Jesus erkannt. Aber nur, wenn sie tatsächlich sein Leib ist, der auch tatsächlich von seinem Geist belebt ist.

Die Welt kann das Unsichtbare nicht wahrnehmen, sie braucht eine irdische, mit ihren fünf Sinnen wahrnehmbare Anschauung. Die Absicht Gottes war bereits mit Israel dieselbe gewesen wie heute mit der Gemeinde: sich selbst der Welt durch ein Volk zu offenbaren, wie er wirklich ist. Israel, genau wie die Gemeinde, sollte „ein Volk für seinen Namen" (Apg 15,14) sein. Wir alle sollen den Heiligen Geist empfangen, der uns zu einem heiligen Gefäß für Christus macht. Wir werden vom Geist in sein Bild „verwandelt" (2 Kor 3,18) – und das „von Herrlichkeit zu Herrlichkeit". Denn *„wo der Geist des Herrn ist, da ist Freiheit"* (2 Kor 3,17).

Aha! Da haben wir also wieder die *Freiheit Christi.* Sie ist „herrlich" und wir können nur in der Kraft des Heiligen Geistes an ihr partizipieren und durch seine Offenbarung von Jesus in ein Gefäß verwandelt werden, das ihm entspricht. Diese Verwandlung, diese Geistesarbeit in und an uns, ist es, die der fünffältige Dienst begleitet. Da Jesus nicht nur der „gute Hirte" ist, der uns pastoral versorgt und betreut, sondern noch viel mehr als das, kann eine einseitig pastorale Kirche bzw. Gemeinde Jesus nur fragmentarisch abbilden.

Der fünffältige Dienst hilft uns, in fünf Dimensionen von Jesus hineinzukommen. Deswegen ist es unmöglich für die Gemeinde, nicht fünffältig zu sein.

- Jesus ist DER **Apostel** (Hebr 3,1). Er ist der finale Gesandte des Vaters. Er führt uns den Weg in das Reich Gottes und den Himmel, in die Herrlichkeit, in die Teilhabe an der Macht und Heiligkeit Gottes. Er gibt uns eine neue Identität als Söhnen und Töchtern Gottes, als einer neuen Schöpfung, als Bürgern des Himmels. Als apostolische Gemeinde sind wir in der Lage dazu, das Reich Gottes – seine Macht und seinen Anspruch, seine Möglichkeiten und Dimensionen – zu erfahren, zu erklären und zu demonstrieren.
- Jesus ist DER **Prophet** (Hebr 1,1-2). Er leuchtet wie die Sonne und in seinem Licht sehen wir alles, wie es wirklich

ist: uns selbst, auch Gott, unseren Nächsten, den Himmel und die Erde. Vergangenheit, Gegenwart und Zukunft werden uns vom Heiligen Geist aufgeschlossen. Wir gehen von einer Offenbarung zur Nächsten, ja wir leben als prophetische Gemeinde in einem Raum beständiger Offenbarung.

- Jesus ist DER **Evangelist.** Seine Botschaft lautet: *„Tut Buße, denn das Reich Gottes ist nah herbeigekommen!“* (Mk 1,15). Er ruft die Menschen auf, sich ihm anzuschließen und mit ihm aus der Finsternis ins Licht zu gehen, aus dem Sterben ins Leben, aus der Verlorenheit in die Gefundenheit. *„**Kommt her zu mir,** alle ihr Mühseligen und Beladenen! Und ich werde euch Ruhe geben“* (Mt 11,28). Die evangelistische bzw. missionarische Gemeinde erfüllt den Missionsbefehl. Und zwar so, wie es in den Evangelien von Jesus definiert wird. Als Folge der Evangelisation kommen die Menschen erstens zu Jesus und zweitens in das Reich Gottes.
- Jesus ist DER **Lehrer,** der „Rabbi“ (Joh 1,38). Nur hat er ganz anders gelehrt als die Rabbiner und Schriftgelehrten seinerzeit, weil er den Vater und den Himmel, die Engel und das neue Jerusalem, den ewigen Thron usw. *persönlich kannte.* Er redet nicht wie der Blinde von der Farbe, sondern wie der Sehende. Er legt nicht aus, sondern er bezeugt und erfüllt. Er kann uns die Wahrheit, die Beschaffenheit der ganzen Wirklichkeit in jedem Aspekt, vom Kleinsten bis zum Größten, zeigen, erklären und beibringen.
  Die lehrfähige Gemeinde lebt in der lebendigen Lehre Christi, vermittelt vom Heiligen Geist, die immer neu auf die Menschen ihrer Zeit angewendet wird und sich immer weiter entfaltet wie ein Baum. Sie dogmatisch festzulegen, tötet sie. Sie anderen vorzuschreiben, ist Anmaßung.
- Jesus ist DER **gute Hirte.** Darüber muss ich nicht viel sagen. Psalm 23 und Johannes 10 sind allen Christen bekannt, aber die Gemeinde ist im Allgemeinen einseitig pastoral geprägt – also einfältig und nicht fünffältig. Sie bildet nicht den ganzen Christus ab, sondern nur einen Aspekt von ihm. Jedoch sind selbst viele offizielle und lizensierte Pastoren gar keine *gesalbten* Hirten, die die wahre Hirtenschaft Jesu abbilden und

die Gemeinde insgesamt zu einem Gefäß für den „großen Hirten der Schafe“ (Hebr 13,20) machen würden. Dazu gehört die ganze Dimension des Erbarmens Gottes, des neuen Bundes und des Blutes Jesu. Die Pastoren des neuen Bundes halten und erhalten die Gemeinde *in Christus*. Wir dürfen nicht vergessen: Das Heil ist nicht in der Kirche, sondern in Christus.

Von der Fünffalt zur Einfalt

Meiner Meinung nach wird die Gemeinde heutzutage im Allgemeinen *nicht* als der Leib Christi verstanden, sondern als eine andere Körperschaft bzw. eine Institution nach Art des römisch geprägten „Christentums“. In ihr regiert nicht der Geist Christi, sondern ein religiös-humanistischer Geist, eine „babylonische“ Geschäftsmentalität sowie eine stets überlastete Verwaltung. Diese setzt sich aus den kirchlichen „Ämtern“ des Pastors, der Ältesten (Presbyterium) und Diakone zusammen.

In der Praxis hängt die Gemeindearbeit umfänglich und einseitig an dem Pastor, der ja schließlich dafür angestellt ist, die Gemeinde geistlich zu versorgen, seelsorgerlich zu betreuen, die endlosen Kasualien (Taufen, Hochzeiten, Beerdigungen) zu erledigen, dem Büro, dem Verein, dem Gottesdienst-Team und Presbyterium vorzustehen, alle Altersgruppen vom Kleinkind bis zu den Senioren mit Programmen zu bedenken, an Fortbildungen des Pastorenkonvents teilzunehmen – und dabei immer vorbildlich, erfolgreich, tugendhaft und positiv zu sein.

Für diese Pastoren hat sich der Begriff der „eierlegenden Wollmilchsau“ herausgebildet. Sie müssen „Alleskönner“ sein. Eine fiktive Stellenbeschreibung sieht so aus:

> Wir suchen einen Geschäftsführer mit Leidenschaft, der sich um die Entwicklung der Gemeinde kümmert, der biblische Zusammenhänge fundiert lehren kann, Menschen liebt, aber niemals wertet und rhetorisch gute Predigten zwischen Tradition und Moderne hält. Hierbei sind die theologischen Kenntnisse nicht so

wichtig wie der ausgeglichene und selbstreflektierte Umgang mit Charismatikern und Evangelikalen.[8]

In gewisser Weise muss der Pastor den kompletten fünffältigen Dienst abdecken, zusätzlich zu all den Geschäfts- und Verwaltungsaufgaben. Ausbrennen und Durchbrennen sind unter diesen Umständen vorprogrammiert und geschehen auch ständig. Aber so wird es gemacht ... Kein Wunder, dass die „Geistlichen" immer weniger werden. Viele theologische Anwärter für einen geistlichen Dienst gehen nach kurzer „Erprobung" wieder zurück in ihren alten Beruf oder satteln um.

Das Ziel des „Amtes", die Gemeinde in ihre geistliche Mündigkeit zu führen und „in Christus" zu etablieren, wird regelmäßig, ja geradezu systematisch verfehlt. Manche übersetzen den Begriff „Sünde" mit „Zielverfehlung". Das sollte uns zu denken geben, denn der einseitig pastorale Weg führt nicht zum Ziel der reifen Gemeinde.

> Im Rahmen ihres weiten Organisationsbegriffs kann die Kirche Züge eines Vereins annehmen, der im Wesentlichen für die eigenen Mitglieder nützlich ist; in anderen Kontexten erscheint die Kirche als eine Art Dienstleistungsorganisation, vergleichbar mit kommunalen Ämtern, deren Leistungen prinzipiell allen Bürgern zur Verfügung stehen. Besonders umstritten ist die Analogie zu unternehmerischen Organisationen: In dieser Perspektive treten etwa die Konkurrenzverhältnisse, in denen die Kirche steht, in den Blick, oder die messbare „Qualität" ihrer Arbeit. Insgesamt lenkt das Bild der Kirche als Organisation, das in den letzten Jahrzehnten stärker hervorgetreten ist, die Aufmerksamkeit einerseits auf die spezifischen „Angebote", die sie in der Gesellschaft präsentiert, und andererseits auf die Eigenart ihrer internen Ablauf- und Entscheidungsstrukturen.[9]

---

[8] Ganzer Artikel: https://sola-gratia.ch/die-eierlegende-wollmilchsau-oder-angst-vor-dem-ausbrennen

[9] „Praktische Theologie: Ein Lehrbuch", Kristian Fechtner u. A. , Kohlhammer Verlag Stuttgart 2017, S. 96)

Solche Entwicklungen tun den wahren Jesus-Gläubigen weh, die Abweichung von Jesus und dem Neuen Testament ist zu groß geworden. Wie weit kann man mitgehen, ohne in der chronischen Zielverfehlung, also Sünde, zu leben? Das ist keine einfache Frage und man muss jeder Gemeinde die Chance geben, sich zu besinnen. Aber wenn dies über Jahre und Jahrzehnte hin nicht geschieht, ist man meines Erachtens Jesus mehr verpflichtet als der Gemeinde, denn sie ist es nicht, die uns erlöst und in die Fülle Gottes bringt, sondern eben Jesus. Und er baut die Gemeinde auf seine Weise – und die ist fünffältig:

> *Er hat die einen zu Aposteln gemacht, andere zu Propheten, andere zu Evangelisten, wieder andere zu Hirten und Lehrern der Gemeinde. Deren Aufgabe ist es, die Glaubenden zum Dienst bereitzumachen, damit die Gemeinde, der Leib von Christus, aufgebaut wird. So soll es dahin kommen, dass wir alle die einende Kraft des einen Glaubens und der einen Erkenntnis des Sohnes Gottes an uns zur Wirkung kommen lassen und darin eins werden – dass wir alle zusammen den vollkommenen Menschen bilden, der Christus ist, und hineinwachsen in die ganze Fülle, die Christus in sich umfasst. Wir sind dann nicht mehr wie unmündige Kinder, die kein festes Urteil haben und auf dem Meer der Meinungen umhergetrieben werden wie ein Schiff von den Winden* (Eph 4,12-14 GNB).

Es lohnt, diesen Abschnitt einmal in verschiedenen Übersetzungen zu lesen und auf sich wirken zu lassen. Denn was da steht, ist revolutionär. Zuerst sehen wir, dass nicht die Pastoren oder andere „Profis" die Gemeinde bedienen und erbauen, sondern die Gemeinde selber tut das. *Alle* sind ja Glieder an *einem* Leib und haben *dieselbe* Verantwortung für dessen Gesundheit und Verkörperung von Jesus. Das Ziel der Ämter besteht nicht darin, den Mitgliedern die Arbeit abzunehmen, sondern sie „ans Arbeiten" zu bringen, um „den vollkommenen (erwachsenen) Menschen zu bilden, der Christus ist". Ohne diese fünffältige Motivation und ein fünffältiges Training kann die Gemeinde nicht „in die ganze Fülle, die Christus in sich umfasst", hineinwachsen. Sie bleibt geistlich „infantil", und einem Unmündigen kann man nicht die Kräfte, Gaben und Güter des Reiches Gottes anvertrauen. Das ist ganz logisch und die Erfahrung bestätigt es.

Viele Gemeinden sind träge und leben weit unter dem neutestamentlichen Niveau. Der dringende Appell des Schreibers des Hebräerbriefes wird nicht gehört und beherzigt:

> *Wir wünschen aber sehr, dass jeder von euch denselben Eifer um die volle Gewissheit der Hoffnung bis ans Ende beweist, damit ihr nicht träge werdet, sondern Nachahmer derer, die durch Glauben und Ausharren die Verheißungen erben* (Hebr 6,11-12).

Da in der „trägen Gemeinde" alle daran gewöhnt sind, nur die Worte zu hören, ohne je deren Erfüllung zu erleben, und zudem oft generell etwas ganz anderes unter „Gemeinde" verstehen, als was sie ist, gibt es keine nennenswerte Bewegung, sondern eine Form von „gepflegtem Stillstand", wie ich es nenne. Alles wiederholt sich in einer Art Endlosschleife und wird mit der Zeit völlig vorhersagbar und damit langweilig. Aber wie könnte *Jesus* vorhersagbar und langweilig sein?

Manche Gemeinden drehen sich nicht wirklich um Jesus, sondern um sich selbst. Ihre Existenz scheint reiner Selbstzweck zu sein. In ihren Internet-Darstellungen, die sich häufig völlig austauschbar darstellen, kommt Jesus zumeist nicht vor. Im Mittelpunkt stehen der Mensch und die Leistungen, die ihm von der Gemeinde angeboten werden. Ein werbewirksames Foto einer glücklichen Gruppe vollendet die marketinggerechte Inszenierung.

Die Umkehr aus der Einfalt in die Fünffalt ist nicht einfach. Viele gewohnte Strukturen und Verhaltensweisen werden aufgelöst und neu konfiguriert. Es gibt kein Rezept, keine Anleitung, keinen Leitfaden, wie das geht. Was es braucht, um den Weg zu gehen, ist eine verzweifelte Sehnsucht nach Jesus und die Weigerung, irgendetwas nur deshalb zu tun, „weil es die anderen auch so machen". Der wichtigste Motor der Gemeinde wird das Gebet, denn sie ist ein „Haus des Gebets"[10]. Wird das Gebet echt, tief und hingegeben, wird der Heilige Geist das Wunder vollbringen, die Gemeinde zum Leib Christi zu machen.

[10] Vgl. Frank Krause, *Haus des Gebets,* GloryWorld-Medien 2009.

Kapitel 2

Die Salbung des Heiligen Geistes

Es gibt aber Verschiedenheiten von ***Gnadengaben,***
aber es ist derselbe ***Geist;***
und es gibt Verschiedenheiten von ***Diensten,***
und es ist derselbe ***Herr;***
und es gibt Verschiedenheiten von ***Wirkungen,***
aber es ist derselbe ***Gott,***
der alles in allen wirkt.

1. Korinther 12,4-6

Wie schön wir in diesem obigen Vers aus 1. Korinther 12,4-6 die Dreieinigkeit am Werk sehen! Die ganze Gemeinde ist als der Leib Christi hineingenommen in diese göttlichen Gaben, Dienste und (Kraft)Wirkungen Gottes. Darum will Paulus auch, dass wir darüber genauestens Bescheid wissen (1 Kor 12,1) und in der Liebe von 1. Korinther 13 mit diesen in 1. Korinther 14 näher beschriebenen Gaben des Geistes der Erbauung der Gemeinde in Liebe (Eph 4,16) dienen. Und das IMMER, denn wir sind ja keine Sonntagschristen und legen unsere Teilhabe an Christus unter der Woche beiseite. Ein biologischer Körper braucht die Verfügbarkeit und den Dienst seiner Glieder und Organe IMMER. Keine Sekunde lang kann er darauf verzichten. Das Leben ist keine Veranstaltung. Nicht anders verhält es sich mit dem Leib Christi.

Wer die göttliche Macht und Pracht der Gaben, Dienste und Wirkungen erlebt hat, der dreht den Spieß um und lebt hinfort dafür – und der Alltag wird hierzu zum praktischen Trainingsfeld.

Jeder Christ ist ein einzigartiger Träger einzigartiger Gaben, Dienste und Kräfte. Nur ist es gut möglich, dass es ihm niemand gesagt hat und die Gemeinde auch ohne diese göttlichen Gnadengaben funktioniert. An sich funktioniert sie dann auch ohne die Träger dieser Charismen, denn die werden gar nicht gebraucht. Was gebraucht wird, ist wie überall vor allem Geld, durch das „der Laden" am Laufen gehalten wird. Solange die Kasse stimmt, wird die Gemeinde als „gut" angesehen. Darum lässt Gott meiner Meinung nach manchmal zu, dass der Gemeinde das Geld ausgeht und sie sich darauf besinnt, dass es nicht das Geld, sondern der Geist ist, wodurch sie überhaupt eine *Gemeinde* ist. Leider ziehen die meisten das Geld dem Geist vor ...

Die Geschichte der Salbung

Die Gaben, Dienste und Wirkungen Gottes sind *mächtig*. Alles, was wir unter der „Ausgießung des Heiligen Geistes" subsummieren, fällt unter den Begriff der „Salbung". Sie wird unter anderem in Jesaja 61 beschrieben. Sie ruht auf Jesus, der darum der „Gesalbte" genannt wird. Auf Hebräisch übersetzt ist der Gesalbte der „Messias" und auf Lateinisch übersetzt der „Christus".

Von „Salbung" wird gesprochen, weil im Alten Testament Öl über diejenigen ausgegossen wurde, auf die Gott seine Hand und seinen Geist legte. Wunderbar wird es exemplarisch in 1. Samuel 16,12-13 bei der Salbung Davids zum König beschrieben.

In Lukas 4,14-22 bezieht Jesus die Salbung des Heiligen Geistes aus Jesaja 61 auf sich selbst und verkündet der erstaunten Versammlung, dass jetzt die Zeit der *Auslegung* der Worte Gottes vorüber sei und die Zeit ihrer *Erfüllung* angebrochen ist. Der theoretische Unterricht ist vorbei, die Praxis beginnt! Was für eine ungeheure Revolution in dieser Veränderung der Verhältnisse steckt, ist meines Erachtens vielen Christen nicht klar.

Durch das ganze Alte Testament finden wir Berichte, wie der „Geist des Herrn" oder die „Kraft des Herrn" oder die „Hand des Herrn" über oder auf jemanden kam, etwa die Richter bzw. Könige, Priester und Propheten. Diese vollbrachten in der Folge unfassbare Machttaten und brachten weitreichende, ganze Völker bestimmende, Weissagungen hervor. Hebräer 11,32-34 listet einige dieser Leute, die „unter die Salbung kamen" auf und berichtet von ihren erstaunlichen Taten:

> *Denn die Zeit würde mir fehlen, wenn ich erzählen wollte von Gideon, Barak, Simson, Jeftah, David und Samuel und den Propheten, die durch Glauben Königreiche bezwangen, Gerechtigkeit wirkten, Verheißungen erlangten, der Löwen Rachen verstopften, des Feuers Kraft auslöschten, des Schwertes Schärfe entgingen, aus der Schwachheit Kraft gewannen, im Kampf stark wurden, der Fremden Heere zurücktrieben.*

Weiter unten heißt es, dass auch wir DIESEN GLAUBEN haben sollen, um auch entsprechende Wirkungen zu erzielen. *Ein Glaube ohne Werke ist tot*, sagt Jakobus (Jak 2,14-26). Aber welche „lebendigen" Glaubenswerke sind damit gemeint? Es ist ein „gesalbter" Glaube gemeint, einer, den man sich nicht selbst bastelt oder von einer Kirche in Form eines Satzes von Dogmen und Regeln gelehrt bekommt, an die man sich „gläubig" zu halten hat, sondern einer, den der Heilige Geist wirkt. DIESER geistgewirkte bzw. gesalbte Glaube versetzt uns in eine lebendige und direkte Beziehung mit Jesus, in der wir eine fortschreitende Offenbarung darüber empfangen, wer er ist und was er tut. DAS geben wir dann „im Glauben" weiter und wenden es an. Sind wir – wie „die Reben am Weinstock" – mit Jesus verbunden (s. Joh 15), fließt seine Kraft durch uns und bringt SEINE Frucht hervor.

Bei Jesus sehen wir, dass er die Tradition der Salbung, wie sie in Hebräer 11 in noch weiteren lesenswerten Beispielen etwa über Mose und Abraham facettenreich dargestellt wird, nahtlos fortgesetzt hat. Die Evangelien zeigen uns, wie Jesus *„von Gott gesalbt mit Heiligem Geist und mit Kraft umherging und wohltat und alle heilte, die von dem Teufel überwältigt* (dominiert) *waren, denn Gott war mit ihm"* (Apg 10,38).

Dann erscheint Jesus nach seiner Auferstehung seinen Jüngern und bringt ihnen die geradezu atemberaubende Kunde darüber, dass ihm *„alle Macht* (wrtl. ‚Vollmacht') *im Himmel und auf der Erde"* gegeben ist (s. Mt 28,16-18). In dieser Vollmacht schickt er sie erneut aus, wie er es auch schon zuvor mit den Zwölfen und dann mit den siebzig Jüngern getan hatte, um das Reich Gottes zu verkündigen, die Kranken zu heilen und Dämonen auszutreiben. Jedoch sollten sie warten, bis an Pfingsten die Salbung des Heiligen Geistes ausgegossen werden würde. Dann sollten sie in seiner Kraft in alle Welt gehen und die Botschaft des Evangeliums in Erweisung des Geistes und der Kraft verbreiten. Sie würden die gleichen Werke tun wie Jesus, wie er es ihnen in Johannes 14,12 zugesagt hatte, und das in derselben Kraft. Anders kann es ja nicht gehen.

Die Gemeinde ist der Leib Christi, also der Körper des Gesalbten, um seine Werke auf seine Weise und in seiner Kraft auf Erden auszuführen. Erfüllt vom Heiligen Geist lebt die Gemeinde das Leben Christi und erfüllt die Worte Gottes. Das ist das Größte, was es auf Erden nur geben kann, das ist Gnade und Göttlichkeit in Aktion. Die Gemeinde ist das Gefäß der Gegenwart und Offenbarung Gottes!

„Was kann es Aufregenderes und Wundervolleres geben?", mag man sich an dieser Stelle fragen und mit höchster Erwartung in die nächste Gemeinde eilen. Aber was wir da an Kirchen und Gemeinden finden, die sich alle „Leib Christi" nennen, ohne auch nur einen Funken dieser Vollmacht und Kraft sehen zu lassen, ist verwirrend. Ist Jesus denn nicht mehr derselbe wie in den Evangelien und nach seiner Auferstehung? Muss man die Salbung und Auferstehungskraft aus der Gleichung streichen und die Mission heute mit anderen Mitteln ausführen, als den von Jesus genannten bzw. vorexerzierten? Ersetzt jetzt ein historisch-kritisches Theologiestudium die Salbung? Was lernen die Bibelschüler eigentlich über die Salbung? Fragen, die für die Gemeinde existentiell wichtig sind!

Nicht die kritischen Theologen, sondern der fünffältige Dienst ist von Jesus gesetzt, die Kontinuität des Lebens in der Salbung fortzuführen. Es sind „charismatische Ämter", also vom Heiligen Geist selbst initiierte Berufungen, welche die Gemeinde in ihrer Realisierung Christi, also des Gesalbten, begleiten und entfalten. Unter ihrer Arbeit wird die Gemeinde apostolisch, prophetisch, evangelistisch/missionarisch, pastoral sowie gesund in der Jesus-gemäßen Lehre entwickelt.

In der Apostelgeschichte wird uns diese „gesalbte" Gemeinde von verschiedenen Seiten gezeigt. Sie war mächtig und sehr attraktiv. Scharen von Menschen schlossen sich ihr an.

Die Salbung erleben

Die Gaben, Dienste und Wirkungen Gottes, derer wir in der Salbung des Heiligen Geistes teilhaftig werden, sind nicht rein funktional zu verstehen. Sie heiligen und verwandeln uns, damit wir immer bessere Träger der Herrlichkeit Gottes und Abbilder seines Christus werden. Der Dienst der Salbung ist der Dienst des Geistes, und der ist der Dienst der Herrlichkeit, und das ist der Dienst des Neuen Bundes. Dieses grandiose Zusammenspiel wird uns in 2. Korinther 3,1-18 präsentiert. Ein geradezu sagenhaftes Kapitel, das in traditionellen Gemeinden oft beflissentlich übergangen wird, denn nichts davon realisiert sich bei ihnen. Dass nicht Gott aufgehört hat, so zu sein und zu handeln, wie es dort beschrieben ist, sondern SIE aufgehört haben, so zu sein und so zu handeln, will dabei vielen nicht in den Sinn kommen. Es ist eine Tragik.

Die Gaben, Dienste und Wirkungen Gottes transformieren uns, sie erziehen und kultivieren uns unser Leben lang. Sie sind *lebendig.* Sie „springen in uns an", wann und wie sie wollen und nicht, wie wir das terminieren – etwa am Sonntag. Sie formen uns zu ihrem Zweck so um und wirken auf eine Art und Weise, dass es nicht unserer Kontrolle unterliegt, sondern der Absicht und Führung Gottes entspricht. Seine Gedanken und Wege sind definitiv höher als unsere (s. Jes 55,8-9). Selbst mitten in der Nacht kann uns der Heilige Geist bzw. die Salbung in uns wecken und zu einer Aufgabe führen, sei es ein dringendes Gebet oder aber eine praktische Handlung, wie irgendwo hinzugehen, wo gerade eine akute Not herrscht, von der wir natürlicherweise gar nichts wissen. Hier eine schöne Begebenheit, die das belegt:

> Eines frühen Morgens gegen 3:00 Uhr hörte mein indischer Vater, wie Gott zu ihm im Schlaf sprach: „Lauf!" Er wachte aus dem Traum auf und Gott sagte immer noch: „Lauf!" Er begriff, dass dies kein Traum war. Belustigt fragte er Gott: „Um diese Zeit?" Und Gott antwortete mit ernstem Ton: „Lauf!"
>
> Mein Vater fand das zwar merkwürdig, doch er schlich sich leise aus der Türe hinaus, während der Rest der Familie noch schlief, und rannte los. Er wusste nicht, wo er links oder rechts abbiegen sollte. Er rannte einfach. Nach einiger Zeit sagte Gott: „Stopp!" Also hielt er an. Während er dort unter einem Baum in der Dunkelheit stand und nach Luft rang, sagte ihm Gott: „Predige zu diesem Baum!" Meinem Vater blieb die Spucke weg: Zu einem Baum predigen? Er war sicher, dass er richtig gehört hatte, doch er war gleichzeitig verärgert. „Du störst mich im Schlaf, dann forderst du mich auf loszurennen und nun willst du, dass ich im Dunkeln zu einem Baum predige, mitten im Nirgendwo! Soll das ein Witz sein?" Gott sagte einfach: „Predige!"
>
> Also predigte er diesem Baum in der Dunkelheit das Evangelium der Erlösung. Er predigte über den Sündenfall der Menschheit und dass sogar die Natur darunter leidet, bis Gott in Seiner Liebe schließlich Seinen Sohn sandte, um die Sünden der Menschheit zu vergeben. Er sprach darüber, wie der Sohn am Kreuz gestorben ist, um die sündhafte Welt zu erlösen und über das volle Programm der Errettung. Am Ende seiner Predigt machte er als guter

Evangelist einen Aufruf. „Wenn du gesündigt hast, möchtest du dann Jesus dein Leben geben?" Zu seiner Verwunderung hörte er ein zitterndes „Ja" aus dem dunklen Baum kommen!

Ein junger Mann kletterte von dem Baum herunter, zitternd und weinend. Er hatte ein Seil in seiner Hand, weil er sich in genau diesem Baum erhängen wollte, denn er hatte gedacht, dass um diese Stunde niemand nach ihm suchen würde. An diesem Tag verstand mein Vater, was es heißt, Gott zu gehorchen. Mein Vater ist jetzt 81 Jahre alt und dient Gott bereits seit 47 Jahren.[1]

Am Anfang des Weges können wir die Salbung noch nicht differenzieren. Wir spüren nur, dass da „etwas" in uns aufsteigt, ein Impuls will unsere Aufmerksamkeit erregen, aber wir verstehen noch nicht, was er sagen und vor allem bewirken will. Die Sprache der Salbung bzw. des Geistes will gelernt werden! Sie bedient sich unserer Intuition und auch unserer Träume. Sie umfasst Visionen und Eingebungen verschiedenster Art und Weise. So ungewohnt und spektakulär uns das alles am Anfang ist, so normal wird es mit Zeit.

Der große Konflikt, in dem wir uns bezüglich der Salbung des Heiligen Geistes befinden, handelt sich um die Frage, *wer bestimmt* – wir oder sie? Die Erfahrung zeigt – genau wie wir es in den Evangelien bei Jesus sehen –, dass der Geist sich nicht an die institutionellen Vorgaben und Regeln hält. Er hat seinen eigenen Willen, den er nicht per se dem Willen und Reglement der Menschen und ihren Organisationen unterordnet. *„Wo der Geist des Herrn ist, ist Freiheit"*, heißt es in 2. Korinther 3,17, darum war Jesus ein so schlechter Kirch- bzw. Synagogengänger. Immer störte er die Versammlung – etwa mit *Heilungen* –, was die Synagogenvorsteher als Bruch des Sabbats, also *gegen Gottes Willen* deklarierten. Ständig legte er sich mit der Leiterschaft an, deckte ihre Heuchelei und Unmenschlichkeit, geistliche Blindheit und entsprechend pervertierte Auslegung der Schrift auf.

---

[1] „Einem Baum predigen", Mercy Simson, JoelNews.

Kommen wir unter die Salbung, weil wir erkannt haben, dass die echte Gemeinde sich ohne die Gaben, Dienste und Wirkungen Gottes niemals realisieren kann, dann kommen wir in schwere Konflikte mit dem etablierten „Christentum", denn auch wir halten einen Norm-Gottesdienst nur schwer aus. Die Salbung in uns „stöhnt", sie muss von uns „unten gehalten" werden, um still zu sitzen und nicht in irgendeiner Form „auszubrechen".

Es kann sein, dass die Salbung uns den kompletten Gottesdienst hindurch intensiv mit etwas völlig anderem beschäftigt als dem Programm, das dort läuft. Das kann uns irritieren bis dahin, dass wir an unserer Aufmerksamkeitsfähigkeit zweifeln. Vielleicht befasst der Geist sich mit der ersten Liedstrophe, die gesungen wurde oder mit dem einführenden Bibelvers der Predigt. Offenbarung beginnt sich zu entfalten. Wir können gar nicht so schnell mitschreiben, wie sie in uns „predigt". Der Lied- oder Bibelvers beginnt sich uns zu zeigen und wie von alleine auszulegen – aber ganz anders als die Predigt von der Kanzel es tut. Sie scheint im Gegenteil zu dem, was in unserem Herzen spricht, unglaublich oberflächlich und nichtssagend zu sein. Wir würden das Programm am liebsten anhalten, aber das geht natürlich nicht, denn es steht uns nicht zu.

Hat man eine solche Versammlung überstanden, schlägt einem das Herz bis zum Hals und man findet sich in schweren Gewissenskonflikten. Einerseits ist man froh, das Programm durchgehalten zu haben, auch wenn man sich dessen schämt, denn wie „ungeistlich" kommt einem eine solche Erleichterung vor, denn immerhin war das doch ein Gottesdienst! Aber die Salbung in uns ist bis zum Platzen gespannt und braucht dringend Luft. Vielleicht zittern uns die Hände vor Stress, die mächtige Energie der Salbung im Zaum gehalten zu haben. Nun stecken wir voller nicht-angewandter Kraft, mit der wir nicht wissen, wohin. Bis in die Nacht hinein stehen wir unter „Strom" und haben das Gefühl, dass etwas sehr Wichtiges verhindert worden ist und wir Schuld daran haben. Stellen wir uns nur einmal vor, die Salbung hat vielleicht einen chronisch

Kranken, der in der Versammlung zugegen war, heilen wollen, wie es bei Jesus ja häufiger geschah. Dann ist es nur als tragisch zu bezeichnen, wenn das Elend nun fortbesteht.

In der Salbung wachsen

Durch solche Erfahrungen müssen wir durch, bis wir besser verstehen, wie die Salbung wirken möchte. Und sie will immer wirken! Es kommt der Tag, wo wir eine belastbare Entscheidung treffen müssen, ob wir der Salbung folgen werden oder nicht. Ob wir Verantwortung dafür übernehmen, mit ihr zu arbeiten und einen wirklichen Dienst formieren wollen, oder nicht. Das zu tun, ist geistlich gesehen ein logischer Punkt im Wachstumsprozess oder sagen wir des geistlichen „Erwachsenwerdens".

Eine reife Entscheidung, die sich entfaltende und ein gutes Stück weit erprobte Salbung, nun auch verantwortlich zu nutzen, ist völlig korrekt und für die Gemeinde höchst nützlich, bringt aber leider, wie gesagt, häufig allerlei Konflikte mit dem „System" mit sich, denn sie stört die gewohnten Abläufe. Nicht nur in der Gemeinde, auch sonst überall. Das „normale" Leben hört auf, wir fangen an, in das Bild Christi verwandelt zu werden, „wie es vom Herrn, dem Geist, geschieht" (2 Kor 3,18). Wir beginnen, seine Werke zu tun und seine Frucht zu bringen.

Ich erinnere mich an eine Missionsreise in Indien. Vom ersten bis zum letzten Tag predigte es in mir ununterbrochen, Tag und Nacht. Ich war aber nicht der Sprecher auf dieser Reise – und so gab es nur ein oder zwei Mal die Gelegenheit, kurz etwas zu sagen. Diese Situation belastete mich schwer und machte mich richtiggehend krank. Paulus sagte, „es liege ein Zwang" auf ihm, er könne nicht *nicht* predigen (s. 1 Kor 9,16). Es gab Versammlungen, in denen saß ich wie betäubt. Ich hatte das Gefühl, demnächst ohnmächtig vom Stuhl zu fallen, solch eine „Last" von Salbung lag auf mir.

Die Salbung kann dermaßen intensiv sein, dass wir keinen geraden Satz mehr aussprechen können. Ständig will der

Geist in Sprachen beten und singen oder prophezeien. Wie viele Nächte ich so in meinem Zimmer auf und abgelaufen bin, kann ich nicht zählen. So sonderbar das vielleicht klingt, ist es doch Teil des „Trainings“, durch das der Heilige Geist uns führt, um die Macht der Salbung und ihre Eigenarten – z. B. Intensitäten – zu erfahren, zu verstehen und damit umzugehen. Normalerweise hat uns ja leider niemand etwas darüber erklärt und wir müssen es alles selbst herausfinden. Darum brauchen wir dringend den fünffältigen Dienst.

Kommt die Salbung zum Zug, werden wir zu Betern! Auf einmal können wir ohne Ende, Stunden und Tage beten, es hört gar nicht wieder auf. Wir erleben dann, dass nicht wir das Gebet „machen“, sondern das Gebet uns. Es ergreift, bewegt, erfüllt und leitet uns. Es nimmt uns mit in den Himmel und manchmal auch in die Hölle. Wir erfahren eine zunehmende Einheit mit Gott selbst und „sehen“ die Dinge mit seinen Augen.

Durch die Salbung werden uns die geistlichen und himmlischen Dimensionen dermaßen aufgeschlossen und real, dass sie uns irgendwann wirklicher werden als die irdisch-physische Realität. Wir stehen auf der Schwelle zwischen der sichtbaren und unsichtbaren Welt, zwischen Himmel und Erde – und lernen Unmengen darüber, wie beide Bereiche miteinander verknüpft sind und interagieren.

Bei alledem wird unser Bewusstsein wesentlich gedehnt. Diese „Dehnung“ kann streckenweise sehr anstrengend sein. Unser „alter Mensch“ kollabiert unter der Flut an Offenbarung und Erkenntnis, während der neue hervorkommt und Gestalt gewinnt. Seine Kapazität ist unvorstellbar viel größer als alles, was wir gekannt haben.

Es kann sein, dass wir intensive Lichterlebnisse haben. Vielleicht wachen wir mitten in der Nacht auf, weil ein blendender Schein uns weckt. Aber da ist kein Licht, denn es ist nicht physisch, sondern geistlich. Das Gleiche kann mit deutlich hörbaren Worten oder auch einem eigenartigen Duft geschehen, den wir intensiv riechen. Unsere Sinne werden von der Salbung über das körperliche hinaus ins Geistliche hinein gedehnt.

Allerlei Wahrnehmungen erscheinen uns so deutlich, dass wir die Leute um uns her, sollten welche zugegen sein, fragen, ob sie das nicht auch bemerkt haben. Die schütteln dann verständnislos den Kopf. Eine Zeit lang fragen wir uns, ob wir „spinnen“ oder die anderen.

Die Bibel ist voll solcher Phänomene, viele davon sind skurril und jenseits dessen, was in einem modernen, von A-Z rational durchgeplanten und inszenierten Gottesdienst vorstellbar ist. Die Salbung würde darum häufig das komplette Konstrukt sprengen und aus den Trümmern eine ganz andere Art von Gemeinde und Gottesdienst errichten. Den Leib Christi.

Die Gefahr der Abstumpfung

Ich schreibe diese Dinge nicht, um mit kuriosen Geschichten anzugeben oder zu irritieren, sondern um herauszustellen, dass das christliche Leben so viel mehr sein kann und soll, als was wir gewöhnlich damit verbinden. Übernatürliche Erfahrungen werden natürlich, denn als Christen sind wir ja der Natur Christi teilhaftig.

Leider wusste ich die längste Zeit meines Glaubenslebens nichts davon und musste per Versuch und Irrtum alles selber herausfinden. Die Gemeinden, die ich kannte oder besuchte, sprachen nicht über so etwas wie die Gaben, Dienste und Wirkungen Gottes, welche die Gemeinde erst zum Leib Christi und Träger der Offenbarung seiner Herrlichkeit machen. Manche warnten sogar davor. Mehrheitlich ging es vom Inhalt her um die Sünde und deren Vergebung. Alles drehte sich darum wie in einer Drehtür, durch die man nie hindurchging, um zu erfahren, was hinter der Tür liegt und wozu man erlöst worden ist. Es gab Worte ohne Ende, aber keine Kraft.

Wenn man über Jahre treuen Gemeindebesuchs hunderte von Predigten gehört und an zahllosen Bibelarbeiten teilgenommen hat, ohne dass sich irgendeine nennenswerte Art von Erfüllung einstellt, stumpft man unweigerlich ab. Man wird zu einem „tauben Hörer“, der das Programm mitmacht, ohne noch die kleinste Erwartung zu haben, dass der Himmel sich öffnet und Jesus eingreift. Diese Betäubung lastet meiner Meinung nach schwer auf der Gemeinde, macht sie träge und geradezu resistent gegenüber dem Heiligen Geist und seiner Offenbarung Jesu in seiner Macht und Pracht.

Es ist das Los des fünffältigen Dienstes, mit dieser belasteten Situation umzugehen. Ich habe eine Menge gute, motivierte und gesalbte Leute frustriert aufgeben und abwandern sehen. Einige haben jenseits der Gemeinde etwas Eigenes angefangen und sie sind damit teilweise sehr erfolgreich geworden. *Dann* wurden sie von Gemeinden eingeladen, darüber zu sprechen und ihnen zu dienen. Aber innerhalb der Gemeinde konnten ihre Gaben, Dienste und Wirkungen sich nicht entwickeln und entfalten. Was für ein Dilemma!

Ob diese schwierige Situation in Deutschland flächendeckend vorliegt, kann ich nicht sagen, es scheint mir abgesehen von Ausnahmen jedoch so zu sein. Vielleicht leiden wir immer noch an den Auswirkungen der „Berliner Erklärung", die vor hundert Jahren das Feuer der Erweckung im Lande löschte und alles „Pfingstliche" bzw. „Charismatische" als „schwarmgeistlich", „unordentlich" und „widergöttlich" abqualifizierte.[2] Die Notwendigkeit der geistlichen Gaben, gesalbten Dienste und göttlichen Wirkungen wird noch immer von vielen Gemeinden entweder negiert oder durch Programme ersetzt oder nur eng kontrolliert zugelassen. Von einer wirklichen Förderung kann man in vielen Fällen nicht sprechen. Von einer Hingabe daran noch weniger.

---

[2] In der Erklärung (von 1909) distanziert sich die landeskirchliche Gemeinschaftsbewegung scharf von der gerade entstehenden Pfingstbewegung und ihren als anstößig empfundenen Auswüchsen. Die Resolution ist eine weltweit einzigartige Erklärung, da es in keiner anderen Nation zu einer derartigen Trennung zwischen beiden Bewegungen gekommen ist wie in Deutschland. Konstatiert wird in ihr, dass es sich bei der Pfingstbewegung nicht um eine Bewegung von oben (also von Gott her) handele, sondern um eine von unten, also von Satan her, die viele Elemente mit dem Spiritismus gemein habe und von der man sich fernhalten solle.

Aufgrund dieser verzwickten Situation ruft Gott eine Menge Leute zumindest zeitweise aus den regulären Gemeinden heraus, um sie auf seine eigene Weise zuzurüsten und auszubilden. Er benutzt dazu viele Wege und Möglichkeiten, deren Zusammenhang und Prozess man oft erst im Nachhinein erkennen kann. Durch das Internet sind heute vielfältige Angebote von bewährten Diensten vom Format des fünffältigen Dienstes kostenlos zu finden. Viele von ihnen betreiben eigene Schulen und ermöglichen es, an Einsätzen und Konferenzen teilzunehmen. Ich glaube, Gott möchte seine Kinder auf dem Weg zur Reife mit allen Aspekten des fünffältigen Dienstes vertraut machen.

Natürlich sehen es manche Gemeinden nicht gerne, wenn ihre treuesten Mitglieder, darunter auch engagierte Mitarbeiter, gehen, um zu suchen, was es in der Gemeinde nicht zu finden gibt. Sie werfen ihnen möglicherweise Illoyalität vor und Schlimmeres, was manchmal vielleicht auch der Fall ist, aber oft ist es ganz im Gegenteil eine starke Verpflichtung Jesus, dem Wort und letztlich auch der Gemeinde gegenüber, die sehr davon profitieren wird, wenn mehr Leute unter die Salbung kommen und *„stark werden im Herrn und in der Macht seiner Stärke“*[3] (Eph 6,10). Das ist durch eine rein pastorale Betreuung nicht möglich.

> *Schließlich: Werdet stark im Herrn und in der Macht seiner Stärke! Zieht die ganze Waffenrüstung Gottes an, damit ihr gegen die Listen des Teufels bestehen könnt! Denn unser Kampf ist nicht gegen Fleisch und Blut, sondern gegen die Gewalten, gegen die Mächte, gegen die Weltbeherrscher dieser Finsternis, gegen die geistigen Mächte der Bosheit in der Himmelswelt. Deshalb ergreift die ganze Waffenrüstung Gottes …* (Eph 6,10-13a).

Diese Verse und ihre Fortsetzung mit der Beschreibung der Waffenrüstung, die anzulegen ist, um diesen „Krieg“ zu führen, sind so gar nicht pastoral und werden darum in vielen

---

[3] Vgl. Frank Krause, *In der Macht seiner Stärke,* GloryWorld-Medien 2022.

Gemeinden wenig beachtet und kaum realisiert. Die Mitglieder kommen nie in den Stand dieser „soldatischen Gesinnung", wie Paulus das in 2. Timotheus 4-5 beschreibt. Ein Training in geistlicher Kriegsführung gibt es nicht. Was aber geschieht, wenn dieser Kampf, der uns ausdrücklich aufgetragen ist, nicht geführt wird? Was wird dann aus der Gemeinde? Geradezu ohnmächtig ist sie jenen Listen des Teufels ausgeliefert, der leichtes Spiel mit ihr hat, denn sie leistet keinen Widerstand und versteht nicht, was ihr von jenen dunklen Gewalten und Mächten widerfährt.

Kapitel 3

Der Leib Christi

Denn wir alle, Juden wie Griechen,
Menschen im Sklavenstand wie Freie,
sind in der Taufe durch denselben Geist
in den einen Leib, in Christus, eingegliedert
und auch alle mit demselben Geist erfüllt worden.

1. Korinther 12,13

Die ganze Fülle

In diesem Kapitel wollen wir die zentrale Bibelstelle über den fünffältigen Dienst in Epheser 4 ansehen sowie eine Parallele dazu in 1. Korinther 12 aufgreifen. In beiden Texten geht es um den *Leib Christi.* Dieser Begriff ist eine sehr wichtige Orientierung für uns. Die neutestamentliche Gemeinde ist kein frommer Verein und keine religiöse Institution, keine Firma und keine Verwaltungsgesellschaft, *sie ist der Körper von jemandem.* Nur der Geist Christi kann *diesen* Körper beleben, so wie nur der Geist eines Menschen seinen physischen Körper beleben kann. Verlässt sein Geist den Körper, stirbt dieser.

Nicht anders verhält es sich mit der Gemeinde Jesu. Sie lebt von dem innewohnenden Geist Christi. Sie kann, wie wir im Sendschreiben an die Gemeinde von Sardes in Offenbarung 3,1 sehen, den Namen haben, dass sie lebt, in Wirklichkeit aber tot sein. Ob die Gemeinde, an welche dieser Brief adressiert war, sich selbst so einschätzte, wissen wir nicht, aber Jesus persönlich bescheinigte es ihr.

ALLE sieben Sendschreiben beschäftigen sich mit der Abweichung der Gemeinden von Jesus, die auf Dauer zu ihrem Verlöschen als Lampen Gottes und Licht der Welt führen wird – *„wenn sie nicht Buße tun und auf das hören, was der Geist den Gemeinden zu sagen hat“*.

Gleich im ersten Brief an die Gemeinde in Ephesus klagt Jesus den Verlust der „ersten Liebe“ an, der für ihn nicht hinnehmbar ist und dringend korrigiert werden muss. Denn die Gemeinde Christi funktioniert nicht durch Geld, sondern durch Liebe. Darum ist sie auch nicht käuflich.

> *Denn die Liebe Gottes ist ausgegossen in unsere Herzen durch den Heiligen Geist, der uns gegeben worden ist* (Röm 5,5).

Die reale Erfahrung der Liebe Gottes, die die Macht hat, uns in Menschen der Liebe zu verwandeln, ist eine Wirkung des Heiligen Geistes. Anders ist es nicht möglich. Darum ist die Gemeinde gerufen, im Geist zu leben (Gal 5,25), um die Frucht des Geistes hervorzubringen (Gal 5,22-23), bei der die Liebe an erste Stelle steht, brennend zu sein im Geist (Röm 12,11), den Geist nicht zu betrüben (Eph 4,30) und nicht zu dämpfen (1 Thess 5,19).

Als Mitglieder der Gemeinde ist unsere vornehmste Aufgabe nicht die passive Teilnahme an einem Gottesdienst und der finanzielle Beitrag, den wir zu leisten haben, sondern wir *streben nach den Gaben des Geistes*, um die Gemeinde Christus gemäß zu erbauen (1 Kor 14,1.12) in Liebe. Am meisten trachten wir danach, dass wir weissagen bzw. prophezeien (1 Kor 14,1-3). *„Denn wer prophetisch redet, stärkt die ganze Gemeinde“* (1 Kor 14,4 HFA). Jedes Gemeindeglied ist diesem Dienst der Stärkung verpflichtet. Das gilt natürlich nicht nur für Veranstaltungen, sondern jederzeit.

Was folgt daraus für euch, Brüder und Schwestern? Wenn ihr zum Gottesdienst zusammenkommt, kann jeder und jede etwas dazu beitragen: ein Lied vorsingen oder eine Lehre vortragen oder eine Offenbarung weitergeben oder in unbekannten Sprachen reden oder die Deutung dazu geben. ***Aber alles muss dem Aufbau der Gemeinde dienen*** (1 Kor 14,26 GNB).

Inwiefern es die Gemeinde aufbaut, wenn Tausende von Christen Sonntag für Sonntag still in einer Kirchenbank sitzen, ist fragwürdig. Die neutestamentliche Gemeinde ist nicht passiv, sondern aktiv, nicht tot, sondern lebendig. Auch die zentralen Aussagen über die Ausgießung des Heiligen Geistes an Pfingsten betonen in überwältigender Klarheit die Bedeutung der Offenbarungsgaben des Geistes: Visionen, Traumgesichte und Prophetie, die von ALLEN empfangen und angewendet werden sollen:

Es wird in den letzten Tagen geschehen, so spricht Gott der Herr: Ich will etwas von meinem Geist auf ***alle*** *Menschen ausgießen. Eure Söhne und eure Töchter werden prophetisch sprechen und eure jungen Männer werden Gottesgesichte sehen. Auch die Älteren unter euch werden prophetische Träume haben. Und auch auf sie, meine Diener und Dienerinnen, werde ich in jenen Tagen meinen Geist ausgießen, sodass sie prophetisch reden werden* (Apg 2,17-18 DBU).

Jeder, der das Neue Testament liest, weiß, dass die von mir in diesem Kapitel über den „Leib Christi" bereits angeführten Bibelstellen nur eine kleine Auswahl aus der Fülle der Hinweise auf das geistgewirkte Gemeindeleben darstellen, in dem Jesus selbst sich manifestieren kann. Wie man das alles übergehen kann und in der Folge weder das Leben im Geist führt noch die Gegenwart Jesu manifestiert und sich dennoch „Gemeinde Jesu" und „Leib Christi" nennen kann, ist für mich bestürzend und verstörend. An diesem Punkt scheiden sich definitiv die

Geister. Gerne wird mir an dieser Stelle Bitterkeit vorgeworfen, aber der Befund *ist bitter.*

> *Alles hat Gott ihm (Christus) unterworfen; ihn aber, den Herrn über alles, gab er der Gemeinde zum Haupt. Die Gemeinde ist sein Leib: Er, der alles zur Vollendung führen wird, lebt in ihr mit seiner ganzen Fülle* (Eph 1,22-23 GNB).

Was für eine grandiose Aussage! Denken wir in diesem Zusammenhang auch an Kolosser 2,9-10:

> *Denn in ihm wohnt die ganze Fülle der Gottheit leibhaftig; und ihr seid in ihm zur Fülle gebracht.*

„Die GANZE FÜLLE der Gottheit … IN IHM“! Und ER *„lebt in der Gemeinde, die sein Leib ist, mit seiner ganzen, göttlichen Fülle“*. Das sind heftige Aussagen, die der Gemeinde eine unfassbare Stellung und Bedeutung verleihen. Wie nur kann das daraus geworden sein, was wir heute im Allgemeinen vorfinden? Ein Bewusstsein für die in den obigen Bibelstellen genannten geistlichen Realitäten ist kaum vorhanden, eine Hingabe daran entsprechend selten. Die Gemeinde weiß nicht mehr, wer sie ist, nach Fülle und Vollendung können wir lange suchen. Dennoch wird sie in einer macht- und kraftlosen Form weitergeführt und findet nicht den Weg in ihr „verheißenes Land“ bzw. „die ganze Fülle“.

Auch Israel hatte seinerzeit, nach 430 Jahren Anpassung und Integration in Ägypten (2 Mose 12,40), seine göttliche Identität weitgehend eingebüßt. Sie waren „glückliche Sklaven“, die sich mit ihrem Sklavenhaus identifizierten. Die Fesseln wurden jedoch immer enger, es kam zum Genozid an den Erstgeborenen, das Volk sollte dezimiert werden, um unter Kontrolle zu bleiben. Da schrien sie zu dem Herrn und er sandte ihnen Mose, der sowohl den Pharao als auch sie daran erinnerte, wer sie als „auserwähltes Volk“ eigentlich waren.

Einen ähnlichen Weg ist später die Gemeinde meiner Meinung nach mit Rom gegangen. Sie wurde integriert in das römische Reich und von dessen religiöser Abteilung „versklavt". Über die Jahrhunderte römisch-katholischer Herrschaft hin vergaß die Gemeinde, wer sie ist und hat hingenommen, unter die Hierarchie[1] und Kurie[2] des Klerus gebeugt zu sein. Trotz Reformation und dann auch dem Entstehen freier Gemeinden, ist das Erbe Roms, seine strukturelle, hierarchische Prägung und gewaltige Macht auf Erden, die man wahrlich als „weltvereinnahmend" bezeichnen kann, nicht zu unterschätzen. Auch wenn viele meinen, wir seien Rom und den Vatikan doch schon lange los und wären frei von seinem Einfluss, finden sich doch gerade im Bereich der organisatorischen Gestaltung und pyramidalen Machtstrukturen der Kirchen und Gemeinden auffällige Parallelen zu Rom. Ich glaube nicht, dass Jesus eine solche Art von Kirche „gegründet" hat, nicht einmal eine christliche Religion.

Was der Sohn Gottes und des Menschen uns indes gegeben hat, ist ein „neuer Bund". Ein Bund bedeutet, dass zwei Parteien zusammenkommen und sich einigen. Jesus sagt: „Ich komme zu euch ... kommt auch ihr zu mir!" oder: „Ich verlasse und versäume euch nicht ... verlasst und versäumt auch ihr mich nicht!" oder: „Ich will euch in Liebe zu meinem Eigen

---

[1] Die katholische Kirche ist hierarchisch strukturiert; unter Hierarchie versteht man dabei die feste Struktur, gemäß der die Kirche durch geweihte Amtsträger geführt wird. In der katholischen Kirche können nur Männer das Weihesakrament empfangen. Der Ortsbischof, der als örtlich verantwortlicher Teil der Hierarchie in den Ostkirchen denn auch „Hierarch" heißt, hat dabei für seinen Bereich die Leitungs-, Lehr- und Heiligungsgewalt. An allen drei Gewalten sind Kleriker sowie in eingeschränktem Maße besonders beauftragte Laien beteiligt. Die höchste Autorität in der Weltkirche hat sowohl der Papst als auch das Bischofskollegium in Einheit mit dem Papst (Wikipedia, Römisch-katholische Kirche", 24.1.22).

[2] Der aktuelle Codex Iuris Canonici von 1983 definiert die Rolle der Kurie folgendermaßen: „Die Römische Kurie, durch die der Papst die Geschäfte der Gesamtkirche zu besorgen pflegt und die ihre Aufgabe in seinem Namen und seiner Autorität zum Wohl und zum Dienst an den Teilkirchen ausübt, besteht aus dem Staatssekretariat oder Päpstlichen Sekretariat, dem Rat für die öffentlichen Angelegenheiten der Kirche, den Kongregationen, den Gerichtshöfen und anderen Einrichtungen, deren Ordnung und Zuständigkeit durch besonderes Gesetz festgelegt sind." – can. 360 CIC (Wikipedia, „Kurie", 24.1.22).

machen, macht auch ihr mich euch in Liebe zu eigen!" usw. Wir sollen *in ihm* leben und er *in uns*. Das ist neu.

Der Weinstock

Das berühmte Bild, welches Jesus zur Veranschaulichung für dieses Ineinanderseins gebraucht, ist in Johannes 15 der Weinstock und die Reben. Sein Vater, so erklärt Jesus, ist der Weingärtner, ER der Weinstock und WIR sind die Reben. Unsere alles entscheidende Aufgabe besteht nicht darin, die zehn Gebote zu halten und religiöses Theater zu spielen, sondern im Weinstock zu bleiben, *„denn getrennt von mir könnt ihr nichts tun"*, sagt Jesus. Unter den Reben gibt es keine hierarchische Ordnung, keine Befehlsgeber und -empfänger, keine Ober- und Unterreben. Sie sind untereinander alle gleich und leben alle von dem einen Weinstock, der sein Leben durch sie strömen und seine Frucht bringen lässt.

Was es an Unterschied gibt, ist zum Beispiel die Reife. Manche Reben sind jung und bringen noch wenig Frucht, andere sind in einem Maß gewachsen, dass sie angebunden werden, so lang sind sie und schwere Trauben hängen an ihnen. Jedoch lebt die junge Ranke nicht von den älteren Reben, alle leben unterschiedslos von dem Weinstock, dessen Leben sie leben und umsetzen in Wachstum und Frucht. Das Prinzip der Reife kennzeichnet die ganze Natur, die wiederum Gott widerspiegelt (vgl. Röm 1,20). Dabei haben die Reiferen die Aufgabe, die Unreifen in ihrem Prozess des Reifens zu ermutigen und zu begleiten, nicht aber, sie zu beherrschen und zu regulieren.

Gott als der „Weinbauer" beschäftigt sich selbst mit einer jeden einzelnen Ranke. Er beschneidet, bindet hoch und kultiviert. Es gibt keine „Oberreben", die über die unteren gesetzt sind, um diese in seinem Namen zu verwalten. Niemand steht hierarchisch über dem anderen, es gibt keine Konkurrenz, keine Karrieren, keine Privilegien.

Denn ihr alle, die ihr auf Christus getauft worden seid, ihr habt Christus angezogen. Da ist nicht Jude noch Grieche, da ist nicht Sklave noch Freier, da ist nicht Mann und Frau; denn ihr alle seid einer in Christus Jesus (Gal 3,27-28).

Christus wie ein Gewand „anzuziehen", ist eine interessante Formulierung. Haben wir ihn angezogen, sind wir „in ihm". Das ist das Geheimnis des Bundes. Der Bund ist eine hierarchielose Einheit in Liebe.

An einem „Leib" gibt es viele Glieder und in seinem Inneren viele Organe, aber eine Hierarchie, wo die einen aufgrund ihrer Position über die anderen herrschen, gibt es nicht. Kein Glied „arbeitet sich hoch" und wird dadurch ein „höheres Glied". Nein, alle bleiben für immer genau die, die sie sind, und haben die Aufgabe, im Leib auf die bestmögliche Art und Weise auszuführen, was sie dort zu sein und zu tun haben. Dieser Aufgabe können sie besser oder schlechter gerecht werden, aber einfach wechseln können sie diese nicht. Sie können in ihrer Gabe geschickt werden oder ungeschickt bleiben, verantwortlich damit umgehen oder unverantwortlich. Das Wichtigste ist, dass sie das Leben des Körpers, seinen Blutstrom durch sich strömen lassen, um selbst zu leben, sowie das Leben auf ihre individuelle Weise anzuwenden und weiterzugeben. Alles in Liebe und nicht aus Furcht oder Zwang.

Sowohl als einzelne, individuelle Rebe als auch korporativ zusammengenommen als Leib Christi ist es unsere primäre Aufgabe, in Christus zu bleiben und ihn in uns bleiben zu lassen. Dann, so sagt Jesus, sind wir seine Jünger und bringen viel Frucht und verherrlichen den Vater (s. Joh 15,8). In diesem kleinen Satz haben wir eine schöne Beschreibung, worum es in der Gemeinde geht: um Jüngerschaft, Frucht bringen und die Verherrlichung des Vaters. Damit die Gemeinde diese Aufgabe erfüllen kann, braucht sie die ständige Erinnerung eines jeden einzelnen Mitgliedes bzw. einer jeden einzelnen Rebe daran, dass sie mehr als auf alles andere darauf achten muss, in Christus zu bleiben und ihn in sich bleiben zu lassen. Denn ohne ihn können wir nichts tun, als nur zu verdorren.

Die dürre Gemeinde

> *Darum wacht und denkt daran, dass ich drei Jahre lang Nacht und Tag nicht aufgehört habe, einen jeden unter Tränen zu ermahnen!* (Apg 20,31).

DAS ist die apostolische Salbung „at its best". Wenn ich mir vorstelle, ein Geistesmensch vom Format eines Apostels hätte mich drei Jahre lang Nacht und Tag unter Tränen ermahnt, „des Evangeliums würdig zu wandeln" (s. Phil 1,27), nicht auszudenken! Hier haben wir eine Intensität und einen Nachdruck, von denen wir heute im Allgemeinen nur noch einen Schatten vorfinden. In der Folge generieren wir Gemeindebesucher und keine Jünger Christi. Sie bringen nicht die Frucht des innewohnenden Christus, etwa die Geistesfrucht aus Galater 5,22-23, und verherrlichen nicht den Vater, zu dem meines Erachtens kaum jemand überhaupt einen lebendigen Zugang findet. Aber das wird als „normal" hingenommen. So verwelkt die Gemeinde.

Leider kommen wir nicht umhin, bei einer Menge von Gemeinden festzustellen, dass sie tatsächlich mehr oder weniger verdorrt sind und das Leben des Geistes nicht (mehr) durch sie strömt, um Jüngerschaft, Frucht und Verherrlichung Gottes zu generieren. Das Programm ist knochentrocken und nichtssagend. Einen solchen Zustand sollte man nicht als „normal" hinnehmen, denn es ist ein Sterbeprozess, ein „Verdorren". Zu diesem Vorgang findet Jesus klare Worte:

> *Wenn jemand nicht in mir bleibt, so wird er hinausgeworfen wie die Rebe und verdorrt; und man sammelt sie und wirft sie ins Feuer, und sie verbrennen* (Joh 15,6).

Eine verdorrte Rebe macht genauso wenig Sinn wie ein gestorbener Körper. Ja, er sieht noch so ähnlich aus, wie ein lebendiger Köper, und der vertrockneten Rebe sieht man noch an, was sie einmal war, bevor sie das Leben verlor, aber dieser Leib und diese Rebe „können nichts tun".

Jesus sagt in Johannes 7,38, von unserem Leibe sollen Ströme des lebendigen Wassers fließen. Wir sind also im Idealzustand so durchlässig, dass uns das lebendige Wasser, der Saft des Weinstocks, aus allen Poren trieft. Wir haben einen Überschuss an Leben, der auch unsere sterbende und dürre Umgebung belebt.

Was dieses Lebenswasser betrifft, sprach Jesus *„von dem Geist, den jene empfangen sollten, die (an ihn) glaubten"* (Joh 7,39). Dass Jesus gekommen ist, das Leben zu bringen, *„und das im Überfluss"* (Joh 10,10), geht aus vielen Bibelstellen hervor. Und bei uns, also denen, die an ihn glauben, fängt er mit der Belebung an. An wie wenig Leben die Gemeinde sich als „normal" gewöhnt hat, ist für mich wiederum verstörend und bestürzend.

Das Leben in Jesus war so mächtig, dass es Tod und Teufel zurückgetrieben hat und Heilung bzw. Wiederherstellung in die ohnmächtigen Verhältnisse brachte. Da sprangen die Lahmen auf und die Blinden erhielten ihr Augenlicht zurück; Taube wurden hörend und Stumme redeten wieder. Die Dämonen dagegen nahmen schreiend Reißaus und sogar Tote wurden wieder lebendig (vgl. Lk 7,21-22). Über eine solche Kraft gerieten die Menschen außer sich und *glaubten*, dass mit Jesus tatsächlich das Reich Gottes zu ihnen gekommen war und eine neue Zeit der Erfüllung der Verheißungen Gottes eingetreten sein musste. Sie sahen ja, was geschah. Also musste Jesus der Messias sein, denn die Erfüllung der Worte Gottes in der Salbung des Heiligen Geistes macht ja den Messias aus.

Jetzt sind wir, der Leib Christi dran, um dieses mächtige Leben durch uns wirken zu lassen. In der Apostelgeschichte sehen wir, dass es am Anfang der Gemeinde auch so geschah. Pfingsten war kein gepflegter Feiertag, sondern die Erfüllung der Gemeinde mit dem Geist und der Kraft Christi. Das geschah mit Sturm und Feuer. Die Salbung, die auf Jesus ruhte, ruhte nun auf der Gemeinde, sein Leben pulsierte in ihr und brachte genau die gleichen Ergebnisse (die Frucht) hervor wie in den Evangelien. So wurde Gott der Vater verherrlicht in dem Sohn in der Gemeinde. Die Urgemeinde war so heilsmächtig, dass sich ihr Scharen von Menschen anschlossen, ganz so, wie sie zuvor Jesus gefolgt waren, wohin er auch ging.

Das Ego

Neben der äußeren Bedrohung durch die Pharisäer, die für die erste Gemeinde identisch mit der von Jesus blieb und zum Tod von vielen Gläubigen führte, was den „hohen" Priestern gut gefiel, siehe Saulus, der *„Drohung und Mord gegen die Jünger des Herrn schnaubte"* (Apg 9,1), müssen wir das noch gefährlichere „Gift" gegen den innewohnenden Geist Christi beachten: das Ego.

Der „normale" bzw. natürliche Mensch lebt nicht in Christus, sondern in sich selbst. Dieses „Selbst", welches nicht das wahre Wesen des Menschen ist, sondern es verdeckt, nennen wir das „Ego". Manchmal wird es in der Bibel auch „das Fleisch" genannt. Es ist die inszenierte Persönlichkeit, die der von Gott abgekoppelte Mensch sich erschafft, seine „User-Identität", sein „Image".

> ***Der natürliche Mensch*** *aber nimmt nicht an, was vom Geist Gottes ist; es ist ihm eine Torheit und er kann es nicht erkennen; denn es muss geistlich beurteilt werden* (1 Kor 2,14 LUT).

> ***Menschen, die sich auf ihre natürlichen Fähigkeiten verlassen****, lehnen ab, was der Geist Gottes enthüllt. Es kommt ihnen unsinnig vor. Sie können nichts damit anfangen, weil es nur mit Hilfe des Geistes beurteilt werden kann* (V. 14 GNB).

> ***Ein ausschließlich durch sein eigenes Ich geleiteter Mensch*** *lässt die Angelegenheiten des Geistes Gottes nicht an sich heran. Sie sind für ihn unverständlich, Dinge, die er nicht begreifen kann, weil sie nämlich auf geistgewirkte Weise beurteilt werden müssen* (V. 14 DBU).

Ich habe diesen Vers in drei verschiedenen Übersetzungen zitiert, um mehr biblisches Licht auf den „natürlichen Menschen" zu werfen, der sich auf seine natürlichen Fähigkeiten verlässt und durch sein eigenes ICH geleitet wird.

Wie sollen egozentrische, „fleischlich gesinnte" Menschen (die dabei sehr religiös sein können) eine christozentrische Gemeinde bilden? Natürliche Menschen „bauen" konsequent eine natürliche Gemeinde. Sie verstehen das geistgewirkte Leben ja nicht, lassen es nicht an sich heran und finden es unverständlich. Das kann gar nicht anders sein, denn der Geist und das Fleisch sind einander entgegengesetzt (s. Gal 5,17).

Um Jesus in uns den Raum zu geben, müssen wir ihn dem Ego wegnehmen. Das Ego will seinen Platz aber behalten und behaupten, es wird sich immer gegen den Geist wehren und sich schein-geistlich geben, um unerkannt der „Herr im Haus" zu bleiben. Man kann sagen, der natürliche Mensch hat geradezu Todesangst vor dem Geist, denn der will die Egozentrik auflösen, um Christus in uns und uns in Christus neu zu gestalten. Und „in ihm" finden wir so viel Leben und Liebe, Frieden und Annahme, dass es kein Ego mehr braucht, um uns selbst zu schützen und durchzubringen. Jetzt schützt uns der Himmel und der „gute Hirte" trägt uns durch alles hindurch.

Die Erfahrung eines Zustandes, in dem es tatsächlich kein Ego braucht und wir wirklich die sein können, die wir sind, ohne uns zu verstecken, zu verstellen, zu verbiegen und zu verkaufen, ist nur als „selig" zu bezeichnen. Das ist die große Freiheit Christi, in die wir eintauchen. Jedoch erfordert sie von uns, uns selbst loszulassen – Stück für Stück.

> ***Nicht mehr lebe ich, sondern Christus lebt in mir;*** *was ich aber jetzt im Fleisch lebe, lebe ich im Glauben, und zwar im Glauben an den Sohn Gottes, der mich geliebt und sich selbst für mich hingegeben hat* (Gal 2,20).

Empfangen wir vom Heiligen Geist eine Offenbarung über die Liebe Gottes, die für uns bis ans Kreuz gegangen ist und sich selbst für uns hingegeben hat, dann erkennen wir intuitiv sofort, dass eben dasselbe von uns gefordert ist: Eine Selbsthingabe in Liebe an IHN, der uns zuerst geliebt hat. DAS ist der Bund, den wir mit dem Geliebten schließen: Er in uns und wir in ihm. Der Himmel nimmt sich so umfassend unserer an, dass wir das Wagnis der Hingabe und Selbstlosigkeit eingehen können. Und siehe da: Wir sind frei!

Wir müssen erkennen, dass sich der Leib Christi, der die Fülle des innewohnenden Christus demonstriert, unmöglich aus natürlichen Personen, also Egozentrikern, bilden kann. Das Ego hat kein Problem mit dem Christentum à la Rom und einer religiösen Hierarchie, in der es sich „hocharbeiten" kann. Es denkt, mit einem Gottesdienstbesuch am Sonntag ist „der liebe Gott" bedient und zufriedengestellt, um einen später, wenn man sein Ego-Leben, in dem man sich ausschließlich um sich selbst gedreht hat, beendet hat, in den Himmel aufzunehmen. Aber das ist Geschäft und nicht Liebe.

Das geistliche Leben ist kein Geschäft, sondern die Realisierung von Liebe. Es ist ein Bund. Zwei machen sich eins, geben sich einander hin, machen gemeinsame Sache. Ohne die Überwindung des Ego mit seinen Ängsten und Vorbehalten, seinem Stolz und seinen Eigenheiten, gibt es keine Hingabe, kein Bündnis, keine gemeinsame Sache und Realisierung von Liebe. Gott aber IST Liebe und er will in der Gemeinde als SEINEM Haus wohnen und sich durch sie der angstgetriebenen und egomanischen Welt offenbaren und sie zu sich rufen, um sie zu heilen und zu erlösen. Gott beendet mit uns das „alte" Leben im Ego und beginnt mit uns das „neue" Leben in Christus. Altes vergeht, Neues wird.

> *Deshalb ist es so: Wenn einer im Messias (in Christus) sein Leben gefunden hat, dann ist er selbst eine neue Schöpfung. Die alte Wirklichkeit ist vorbei. Achtet darauf: Etwas ganz Neues hat begonnen!* (2 Kor 5,17 DBU).

Wenn wir nun als Gemeinde die „alte Wirklichkeit" weiterleben, nur fromm angestrichen und religiös verbrämt, dann betrügen wir uns selbst und sind nicht der Leib Christi, auch wenn wir uns so nennen und den Gottesdienst „im Namen des Vaters, des Sohnes und des Heiligen Geistes" beginnen. Das ist keine magische Formel, die Gott dazu bringt, mitzumachen, anwesend zu sein oder die Veranstaltung zu segnen. Formeln und Liturgie sind etwas anderes als Liebe.

- Was will die Liebe denn von uns? Liebe ...
- Was will der Glaube von uns? Glauben ...
- Was will die Hoffnung von uns? Hoffnung ...

Gott teilt uns in Christus seine eigene Liebe, seinen eigenen Glauben und seine eigene Hoffnung mit, damit wir übernatürlich hoffen, glauben und lieben können, wie es das Ego *nicht* kann und auch *nicht* versteht und *nicht einmal* möchte. Es will es ja *selbst* machen ...

Erleben wir die erstaunliche Liebe, den weltüberwindenden Glauben und die strahlende Hoffnung von Gott selbst, werden wir davon ergriffen, gereinigt und verwandelt – eine neue Schöpfung. Seine Hoffnung, sein Glaube und seine Liebe sind *mächtig!* Mächtiger als die Furcht, die Verlorenheit und Verletzung, die wir erlitten haben; mächtig, um uns zu heilen und wieder auf die Füße zu stellen; mächtig, uns eine Zukunft „in Christus" zu eröffnen, von der wir nicht haben träumen können. Das Maß an (göttlichem) Menschsein, das uns in der Kraft des Heiligen Geistes möglich wird, ist dermaßen tief und hoch, weit und breit, dass wir wahrhaftig das Gefühl haben, aus einem Grab auferstanden zu sein, in dem das Ego uns gefangen hielt.

*Erhebe dich, du, der du schläfst, und **steh auf von den Toten**, und dann wird der Messias dich durch und durch erleuchten!* (Eph 5,14 DBU).

Kommen wir aus unserem Grab heraus, werden wir in Christus neu geboren und „durch und durch erleuchtet". Die Dunkelheit ist vorüber.

Denn: Gott, der sprach: „Aus der Dunkelheit soll das Licht hervorleuchten!", der hat es in unseren Herzen hell werden lassen, sodass der Lichtglanz der Erkenntnis der wunderbaren Herrlichkeit Gottes im Angesicht des Messias Jesus sichtbar wird (2 Kor 4,6 DBU).

Hat man das erlebt, dann weiß man erstens, dass es das wirklich gibt und es nicht nur Bibelsprüche sind, die ewig ausgelegt, aber niemals erfüllt werden. Zweitens wird einem klar, dass der natürliche Mensch, das Ego alias das Fleisch wirklich nichts davon begreifen kann. Es liegt jenseits seiner Möglichkeiten und Vorstellungskraft. Darum ist es so schwer, zu „fleischlichen" Menschen über geistliche Realitäten zu sprechen.

Die Gemeinde ist übernatürlich, sie lebt übernatürlich, sie leuchtet mit einem überirdischen Licht und dient mit überweltlichen Gaben. Den sie lebt ja in Christus und Christus lebt in ihr. Sie runterzuziehen auf eine menschlich machbare, natürliche Ebene, tötet sie. Entweder sie lebt aus Gott und ist in Christus sein Gegenüber in Glauben, Liebe und Hoffnung, oder sie lebt aus dem Ego heraus wie alle anderen Menschen auch und produziert ihren eigenen Glauben, ihre eigene Liebe und Hoffnung, mit denen sie ihr eigenes religiöses Geschäft betreibt. Geht sie diesen Weg, ist sie nicht verbunden und im Einklang mit dem Himmel, sondern vertröstet ihre Mitglieder lediglich auf ein besseres Leben nach dem Tod im Jenseits. Aber das ist fiktiv und völlig ungewiss. Eine fleischliche Kirche kann keine geistlichen Gaben, Dienste und Wirkungen handhaben. Sie wird Christus nicht den Raum überlassen und das Ruder in die Hand geben. Sie selbst bleibt am Steuer.

Die geistliche Gemeinde und die fleischliche sind wesensmäßig sehr unterschiedlich. Die eine erkennt die andere Variante nicht als legitim an. Normalerweise „verfolgt“ die natürliche Gemeinde die übernatürliche, wie der Schriftgelehrte Saulus einst die Gemeinde verfolgte, bis er selbst eine Begegnung mit Jesus hatte und von seinem Licht – heller als die Sonne – umstrahlt wurde (s. Apg 26,13). In der Folge ging er von der einen Seite auf die andere, von der Finsternis ins Licht, aus dem frommen Ego und inszenierten Leben heraus und hinein in Christus – in Wahrheit und Liebe.

Und wie geht das?

Wollen wir die Frucht und die Gaben, die Kraft und die Erleuchtung des Heiligen Geistes erfahren, um Jesus zu erkennen und zu erleben, wie er wirklich ist, und ihn dann auch noch zu verkörpern, stellt sich natürlich die Frage, wie das denn gehen soll? Eine der Antworten darauf lautet: Wir brauchen dafür den fünffältigen Dienst! Diesen hat Jesus selbst „bestellt“, um uns in Christus einzuarbeiten und ihn in uns.

> *Und er hat die einen als Apostel gegeben und andere als Propheten, andere als Evangelisten, andere als Hirten und Lehrer, zur Ausrüstung der Heiligen für das Werk des Dienstes, für die Erbauung des Leibes Christi, bis wir alle hingelangen zur Einheit des Glaubens und der Erkenntnis des Sohnes Gottes, zur vollen Mannesreife, zum Maß der vollen Reife der Fülle Christi.*
> *Denn wir sollen nicht mehr Unmündige sein, hin- und hergeworfen und umhergetrieben von jedem Wind der Lehre durch die Betrügerei der Menschen, durch ihre Verschlagenheit zu listig ersonnenem Irrtum.*
> *Lasst uns aber die Wahrheit reden in Liebe und in allem hinwachsen zu ihm, der das Haupt ist, Christus. Aus ihm wird der ganze Leib zusammengefügt und verbunden durch jedes der Unterstützung dienende Gelenk, entsprechend der*

Wirksamkeit nach dem Maß jedes einzelnen Teils; und so wirkt er das Wachstum des Leibes zu seiner Selbstauferbauung in Liebe ... (Epheser 4,11-16)

Klar und deutlich wird gesagt, was wir brauchen, um in die Dimension des Leibes Christi hineinzuwachsen und in solch menschlich unerreichbare Höhen zu gelangen, wie die „Einheit des Glaubens", die „Erkenntnis des Sohnes Gottes" und „das Maß der vollen Reife der Fülle Christi". Und das alles „in Wahrheit und Liebe".

Der fünffältige Dienst bringt uns hinein in Christus und Christus hinein in uns. Sind wir dort angelangt, geht es um Reife und die Kultivierung des neuen Lebens. „Bleibt in mir und ich in euch", ist die Aufforderung zu einer alles umfassenden Vereinigung! Darum wird die Gemeinde auch als „Braut Christi" oder „Braut des Lammes" (Offb 19,7; 21,9) bezeichnet. Es geht um Intimität, um Nähe und Vertrautheit. Wie sehr unsere Seele das braucht, um zur Ruhe zu kommen!

Eine Gemeinde ohne Intimität, Nähe und Vertrautheit mit Jesus kann diese Braut verständlicherweise nicht sein. Sie wird zur „Hure", indem sie ihr „Programm" mit anderen Inhalten füllt und Jesus nicht folgt, weil sie ihn ja nicht erkennt und seine Stimme nicht hört. Sie fällt zurück auf die Stufe des natürlichen Menschen, der eine entsprechende Gemeinde „baut". Dort lebt das Ego auf und verdrängt den Geist.

Das heißt nicht, dass wir uns ohne den fünffältigen Dienst nicht zu Jesus bekehren und ein neues Leben mit ihm beginnen könnten. Um aber in die neutestamentliche Einheit, Reife und Mündigkeit zu gelangen – persönlich wie auch korporativ als ganze Gemeinde – hat Jesus ein „Team" von „gesalbten Mentoren und Coaches" vorgesehen, die uns dabei assistieren.

Es gibt keine Bibelstelle, die sagt, dass es etwa die Elemente des Apostolischen und Prophetischen zu irgendeiner Zeit nicht mehr braucht. Dieser Idee liegt wieder das funktionale Denken zugrunde. Die Gemeinde aber orientiert sich an Jesus, der immer und ewig apostolisch und prophetisch war, ist und sein wird. Ich hebe diese beiden Aspekte des fünffältigen Dienstes an dieser Stelle hervor, weil sie in der modernen Gemeinde ganz besonders „auf der Strecke geblieben sind“ und im Gemeindeleben sehr vieler Gemeinden und ganzer Denominationen keine reale Rolle spielen.

Im Klartext heißt es, dass die Salbung Christi, wie sie beispielsweise in Jesaja 61 beschrieben wird, worauf Jesu selbst in Lukas 4 referiert, von der Gemeinde wesentlich kompromittiert wird. Sie kann unter dem „Weglassen“ zweier so prominenter Ämter wie die Apostel und Propheten es darstellen, unmöglich Christus verkörpern und abbilden. In 1. Korinther 12,27-30, der Parallelstelle zu Epheser 4,11 heißt es:

Ihr aber seid Christi Leib und, einzeln genommen, Glieder. Und die einen hat Gott in der Gemeinde eingesetzt erstens als Apostel, zweitens andere als Propheten, drittens als Lehrer, sodann Wunderkräfte, sodann Gnadengaben der Heilungen, Hilfeleistungen, Leitungen, Arten von Sprachen. Sind etwa alle Apostel? Alle Propheten? Alle Lehrer? Haben alle Wunderkräfte? Haben alle Gnadengaben der Heilungen? Reden alle in Sprachen? Legen alle aus?

Noch mehr Dienste!

Erneut geht es in diesen Versen um den Leib Christi und seine Glieder. Uns wird erklärt, dass *Gott selbst es ist*, der in der Gemeinde geistbegabte bzw. „gesalbte“ Dienste einsetzt. Da es heißt, dass Gott **„erstens** Apostel eingesetzt hat und **zweitens** Propheten und **drittens** Lehrer“, können wir annehmen, dass die Apostel von primärer Wichtigkeit sind. Ohne ihren Dienst geht es gar nicht. An zweiter Stelle braucht es Propheten, sie scheinen noch bedeutungsvoller als die Lehrer zu sein, die an dritter Stelle stehen.

Wie kann eine Gemeinde, die sich „biblisch“ nennt und als „Leib Christi“ bezeichnet, eigenmächtig diese Setzung Gottes suspendieren und eine *andere* Ordnung einführen, in der es zum Beispiel schlicht keine Apostel und Propheten gibt? In der womöglich auch die „Wunderkräfte, Gnadengaben der Heilungen und Arten von Sprachen“ keine Rolle spielen?

Wann hat Gott seine Meinung über die „Setzung“ der Dienste geändert und uns genehmigt, es komplett anders zu machen, als er es eingerichtet hat? Das würde doch bedeuten, dass er die gesamte Struktur der Gemeinde geändert hätte. Da sie der Leib Christi ist, hat Christus sich also wesentlich verändert und ist nicht mehr „der Gleiche gestern heute und in Ewigkeit“ (Hebr 13,8)? Wir müssten dann davon ausgehen, dass er nicht mehr derselbe ist, von dem wir in den Evangelien lesen. Dort war er noch apostolisch und prophetisch, tat Wunder und heilte, aber jetzt nicht mehr.

Können wir sehen, dass, wenn wir an *einer* Stelle eine – in meinen Augen unzulässige – Änderung vornehmen, dann in der Konsequenz *alles* anders wird? Selbst der Aspekt der „Sprachenrede“, den wir – in meinen Augen unzulässigerweise – für „unwichtig“ halten oder „gering“ einschätzen mögen, wird von Jesus persönlich, also dem Haupt der Gemeinde, an prominenter Stelle, nämlich im Missionsbefehl, so gesetzt: *„Die* ***Glaubenden*** *aber werden an folgenden Zeichen zu erkennen sein: In meinem Namen werden sie böse Geister austreiben und* ***in unbekannten Sprachen reden*** (Mk 16,17 GNB).

Vielleicht gehen wir in eine Gemeinde, wo weder die bösen Geister ausgetrieben noch in anderen Sprachen geredet wird. Aber wie kann dann bei ihren Mitgliedern von **Glaubenden** die Rede sein? Wer qualifiziert ihren Glauben? Ich meine, es ist JESUS, der im Missionsbefehl die Gläubigen definiert! Wie kann SEINE Gemeinde sich erlauben, diese Worte einfach zu übergehen oder auszusetzen?

Wollen wir Jünger Jesu und tatsächlich seine Gemeinde sein, in der er regiert und nicht wir eigenmächtig das Zepter übernehmen, kommen wir um die Auseinandersetzung mit diesen Fragen nicht herum. Denn wenn wir wissen, wie das Haupt es ausdrücklich will, uns jedoch weigern, uns danach zu richten, dann ist es per Definition Sünde. Und die Sünde tötet uns. Sie tötet die Gemeinde, die nicht sein kann, was sie ist, sondern ein Widerspruch in sich selbst ist. Die Welt verspottet sie und die gläubigen Mitglieder schämen sich ihrer. Die Mission Jesu, wie sie im Missionsbefehl beschrieben wird, ist unter diesen Umständen nicht ausführbar.

In den sieben Diensten, die in 1. Korinther 12,27-30 genannt werden, können wir das bei uns übliche Dreigespann von Pastor, Ältesten und Diakonen vielleicht in den Positionen „Hilfeleistungen und Leitungen“ finden, aber dann haben wir noch immer ein Missverhältnis von zwei zu fünf. Zwei Positionen sind besetzt, werden gebildet und gelebt, der Rest fehlt, darunter die erste, zweite und dritte Position. Was für eine Gemeinde soll dabei herauskommen?

Selbstsabotage

Da alle Pastoren diese Bibelstellen kennen, vielleicht sogar im griechischen Grundtext genauer studieren können, aber auch alle Ältesten und zumindest interessierten Gläubigen, die ihre Bibel lesen, Bescheid wissen über Gottes Setzung, wie kann dann weitgehend überall darauf verzichtet werden? Alle anerkennen vorgeblich, dass Jesus „das Haupt der Gemeinde ist“, aber de facto machen sie, was **sie** wollen und keineswegs, was **er** will. Wer ist dann das Haupt?

Alle Kirchen erklären die Heilige Schrift zur Grundlage des Glaubens. Der Ausdruck „sola scriptura!“ („Allein durch die Schrift!“) von Luther wurde zum geflügelten Begriff der protestantischen Reformbewegung. Aber an ach so vielen Stellen wird die Schrift übergangen oder zurechtgebogen, damit sie in die Konstruktionen der Theologen passt. Aber Jesus passt in keine theologischen Konzepte und hält sich und uns partout an **sein** Wort. Würde er das nicht tun, hätten wir gar nichts mehr.

Nehmen wir also einmal an, wir hätten eine Gemeinde, in der das Apostolische, Prophetische, der Lehrer, die Wunderwirkungen, Heilungen und Sprachen mit Auslegung fehlen.

Was dann? Meiner Meinung nach müssten der Pastor, die Ältesten und Diakone zur Besinnung kommen (Buße tun) und alles daransetzen, diese Aspekte des Wesens und der Salbung Christi zu predigen, auch Gastsprecher einladen, die in diesen Diensten stehen und darüber hinaus Jesus im Gebet bestürmen, die Gemeinde zu einer wirklichen Gemeinde, die tatsächlich sein Leib ist und seinen innewohnenden Geist zum Ausdruck bringt, zu machen. Wir werden das niemals können. Nur er selbst kann das tun.

Es ist eine Verwandlung, durch die die Gemeinde geht, nicht nur eine erweiterte Bekehrung und Belehrung. Sie geht durch viele Prozesse der Konfrontation mit den „römischen" Strukturen und „Ego"-Mustern, die beendet werden müssen. Andere, und zu einem nicht geringen Anteil übernatürliche, Dimensionen bilden sich heraus. Gerade sie machen die Gemeinde zum Licht der Welt und hoch faszinierend.

Die Gegenwart Christi kann – und sollte – in seiner Gemeinde dermaßen intensiv zugegen sein, dass, wenn ein Ungläubiger oder Außenstehender hereinkommt *„er auf sein Angesicht fallen, zu Gott beten und bekennen wird: Gott ist wirklich in eurer Mitte!"* (1 Kor 14,25). DAS ist die Gemeinde: eine Versammlung, in der Gott bzw. Jesus *wirklich* in ihrer Mitte ist. Das ist das EINE, worum es im Hinblick auf den Leib Christi geht. Alles andere an Gemeindearbeit ist Ausfluss dieser Präsenz Christi, die unfassbare Kräfte freisetzt und die Gemeinde geradezu elektrisiert.

Wenn ich von „der Gemeinde" spreche, meine ich nicht nur die Veranstaltungen. Die Gemeinde sind wiedergeborene, vom Heiligen Geist erfüllte Menschen. Kommen sie zusammen, geschehen Dinge, die nur im Zusammenspiel der von Gott gesetzten und gesalbten Glieder geschehen können. Die Gemeinde SIND die Menschen, in denen Christus wohnt und nicht die Veranstaltungen, die von einer der vielen christlichen Institutionen angeboten werden. Gemeinde ist nicht zuerst, was wir tun, sondern was wir sind. Es ist eine Identität, ein Seinszustand.

Das Ziel dieser Bestandsaufnahme ist nicht, die verbreitet gestörte Gemeinde von heute zu verachten, sondern zurückzurufen zu dem, um den alles geht. Die gesunde Gemeinde dreht sich nicht um sich selbst, nicht um ihre Arbeit und Finanzen, nicht einmal um die Menschen. Sie hat einen umfassenden Fokus auf Christus, der ihr Geliebter ist. Er ist ihr Ausgangspunkt, ihr Weg und ihr Ziel. Kommt seine Salbung zum Zug, dann kommen alle Ämter, Dienste und Gaben in der geistgewirkten Variante wieder hervor und die Gemeinde hat immense Kraft, um damit zu dienen. Niemand sollte aus eigener Kraft bis zum Ausbrennen „für den Herrn" arbeiten. Die Hauptaufgabe der Gemeinde besteht darin, in Christus zu bleiben und ihn in sich bleiben zu lassen. Alles Weitere ergibt sich daraus.

Passend zu diesen Ausführungen hatte ich vor vielen Jahren im Gebet folgende prophetische Eingebung:

> Meine Kirche hält es nicht für möglich – wie die Kirche es bereits von alters her nicht glauben wollte – dass ich weitergehen könnte. Dass ich aus ihrer Mitte ausziehen könnte. Dass ich den Tempel verlassen könnte. Sie werden den Dienst dort dann noch intensivieren, weil es für sie undenkbar ist, dass ich gehen würde. Ja, am Ende stehe ich draußen vor der Tür und klopfe an. Ich bin nicht drinnen und ich bleibe auch nicht drinnen. Ich werde mit denen, die mir öffnen, erst einmal die Speise der intimen Gemeinschaft essen, und dann werde ich weitergehen – sie kommen mit oder sie lassen es.
>
> An die selbstgefällige Kirche muss radikal herangegangen werden. Das heißt, an die Wurzeln. An den Wurzeln liegt die falsche Annahme, dass ich zwar auferstanden bin, aber weit weg und passiv im Himmel abwarte. Das ist in der Praxis genau das Gleiche, als wäre ich tot. In der Gemeindearbeit macht es heute bei vielen Gemeinden keinen Unterschied, ob ich auferstanden bin oder nicht. Sie glauben an keinen Jesus, der in ihrer Mitte zu leben gedenkt, der Herr zu sein gedenkt, der redet und eingreift. Hier und heute. Sie meinen, sie hätten nun in meiner Abwesenheit ja mein

Wort – und sich daran zu halten, sei der Inbegriff des Christseins. Das ist es aber nicht.

Jeder, der über diesen kirchlichen Glauben hinausgeht, wird vom System ausgeschieden. Obwohl sie mich anerkennen als Sohn Gottes, haben sie dennoch wieder die menschliche Pyramide eingeführt und Menschen kontrollieren Menschen. Ihre Vorstellung von mir ist sehr begrenzt und sehr fromm. Sie können mich kaum erkennen und pressen mich in ihre harmlose Theologie und Gemeindeschablone. Nein, sie lassen weder mich noch irgendwen anderen sein, der er ist. Auch wenn das Gesicht der frommen Kontrolle lächelt, ist es durch und durch böse. Die Kontrollgemeinde liebt mich nicht und ist kein Segen für die Welt."

Kapitel 4

Der *neue* Hirte

Wie Schafe, die in die Irre gelaufen waren, so wart ihr.
Aber jetzt seid ihr zurückgekommen zu ihm,
dem Hirten, der auf euer Leben achthat.

1. Petrus 2,25 DBU

Wir gehen in unserer Betrachtung über den fünffältigen Dienst in der Reihenfolge von Epheser 4,11 von hinten nach vorne vor. Geschichtlich gesehen, haben wir als Gemeinde jeden Teil des fünffältigen Dienstes von vorne nach hinten, also vom Apostel bis zum Hirten, Schritt für Schritt verloren, und Gott stellt ihn von hinten nach vorne wieder her. Das geht schon eine ganze Zeit lang so und hat bereits viele Gemeinden in ihrem Selbstverständnis grundlegend verändert.

Der Weg der Wiederherstellung

Um diesen Weg der Wiederherstellung zu gehen, haben sich allerdings viele Jünger Jesu zunächst von der allgemein üblichen Form von institutioneller Kirche losreißen müssen. Das hat viel Leid bedeutet, denn sie wurden in der Regel als „Verräter" bezeichnet, als Fundamentalisten, Sektierer, Irrlehrer und Schlimmeres. Sie wurden gedemütigt, gemobbt, ausgegrenzt und verflucht. Wer sich nicht „unterordnet", wird sanktioniert.

Das ist meines Erachtens ein dunkles Kapitel der Gemeindegeschichte. Jedoch wiederholt sich darin ein Muster, das wir auch in der Bibel von Anfang bis zum Ende finden.

> *Darum hat auch die Weisheit Gottes gesagt: Ich werde Propheten und Apostel zu ihnen senden, und einige von ihnen werden sie töten und verfolgen* (Lk 11,49).

Nach einer Zeit der persönlichen Regeneration konnte Gott mit jenen, die ein gewisses Maß an Ablehnung und Verfolgung auf sich genommen und verkraftet haben, an der Offenbarung und Realisierung eines „neuen Weinschlauches" (Lk 5,37-38) arbeiten, wodurch inzwischen eine unübersehbare Vielzahl von Gruppen, Diensten und Schulen entstanden ist, die relativ informell unterwegs sind. Sie scheuen sich häufig, die bekannten Strukturen zu benutzen, z. B. den „Eingetragenen Verein" als Rechtsform, weil das Festlegungen verlangt und damit die Beweglichkeit einschränkt.

Neue Gemeindeverbände, Dienste und Werke kommen und gehen in immer schnellerer Frequenz. Darin kann man den „experimentellen Charakter" erkennen, durch den christliche Gruppen heute gehen. Sie probieren Dinge aus, aber wenn sie nicht funktionieren, werden sie auch wieder abgebrochen. Beweglichkeit ist wichtiger als Beständigkeit.

In diesem Prozess trennt sich die Spreu vom Weizen. Diejenigen, die prinzipiell doch die alten Strukturen behalten und nur einige Reformen und Verbesserungen daran vornehmen wollen, gehen bald wieder zurück in die traditionellen Gemeinden. Der Rest geht weiter „auf dem Wasser", um mit Jesus zusammen das Geheimnis seines Leibes in der Kraft des Heiligen Geistes zur Erfüllung der Verheißungen des Wortes Gottes neu zu entdecken und zu entfalten.

Die „neue Gemeinde" ist in einem jugendlichen Stadium und braucht einen offenen Horizont, um sich entwickeln zu können. Starre Dogmatik und straffe Organisation ist in dieser Phase nicht hilfreich. Es geht um Identität und Seelsorge, Altes ablegen und Neues anziehen, um ein neues „Normal", das etabliert wird, und um ein (erwecktes) Niveau, das gewonnen wird und hoffentlich nicht wieder zurückrutscht in die alten Gleise. In dieser Aufbruch-Situation und Experimentierphase müssen keine Titel vergeben werden. Sogar sich selbst als Gruppe zu benennen, muss vorsichtig geschehen, denn Benennungen bringen sofort Erwartungen, Verpflichtungen und Bindungen mit sich.

Der Druck, rasche Ergebnisse zu produzieren und zu präsentieren und sich dadurch gegenüber der „alten" Gemeinde sowohl zu rechtfertigen als auch von ihr zu unterscheiden, ist hoch. Erst wenn man diesen Weg geht, lernt man, wie konkurrierend, eifersüchtig und menschenverachtend Christen und Gemeinden untereinander sein können. Man muss psychisch stabil sein, um das auszuhalten.

Der Weg ins Licht und in die wirkliche Abhängigkeit von Jesus erfordern das Schlachten zahlloser „heiliger Kühe" sowie das Hinterfragen jeder Menge „Glaubenssätze", die man einfach übernommen hat, ohne sie je auf ihren Wahrheitsgehalt hin zu überprüfen. Es geht tief hinab bis zu den feinsten Wurzeln, die aus Rom und Religion herausgezogen werden müssen, um am Ende nicht wieder die gleiche hierarchische Gemeinde-Matrix aufzubauen, wie die, von der man sich losgerissen hat.

Gehen wir diesen Weg in die Tiefe, der uns unfassbar viel Verkehrtheit aufdeckt, die sich wurzelmäßig ständig in die Gemeinde hineinsaugt und sie vergiftet, lähmt und unfruchtbar macht, werden wir nach zahllosen Ernüchterungen und Reinigungen bereit, wieder den Weg von der Wurzelbehandlung nach oben anzutreten und ans Licht zu kommen.

Manchmal mag es scheinen, man komme aus dem Kaninchenbau nie mehr heraus, aber der Heilige Geist wird mit uns nach dem nötigen Abstieg zu seiner Zeit den Aufstieg beginnen. Wenn das kommt, atmen wir auf. Endlich kommen wir aus der Grube heraus und sehen Licht. Auf dem gewonnenen gesunden Wurzelwerk, das jetzt in Christus wurzelt und nicht mehr in Rom und Religion, ist auch unser folgendes Wachstum gesund.

Das Problem bei vielen „Neuerern" ist, dass sie selbst nicht durch genügend wurzeltiefe Reinigungsprozesse gegangen sind, um nun auch wirklich etwas Neues initiieren zu können. Eine befreite Gemeinde braucht befreite Menschen. Wir können im Außen nicht etwas produzieren, was wir im Inneren nicht geworden sind, sonst ist es wieder Heuchelei.

Die „neue Gemeinde" ist erfüllt von dem Bewusstsein der Notwendigkeit äußerster Wahrhaftigkeit. Sie spielt keine Spielchen und stellt nicht etwas ins Schaufenster, was sie nicht ist. Die Betonung der neuen Gemeinde liegt stark auf dem SEIN, während die alte ihren Fokus auf das TUN gerichtet hat, also auf Leistung. Die primäre, neue Frage lautet: „Wie SIND wir es?", und nicht: „Wie MACHEN wir es?"

Entsprechend diesem Paradigma sucht die neue Gemeinde keine Pastoren, die „es" nur studiert haben und Gemeindeleitung als einen „Job" betrachten, der zu TUN ist, sondern Männer und Frauen, die Pastoren SIND. Die Berufung zum Pastor – wie jede andere Berufung – liegt von Anfang an in einem Menschen, schon in seiner Kindheit. Gott hat sie in den Geist eines Menschen gelegt und ihn mit dieser Bestimmung in die Welt geschickt.

Unendlich viele *göttliche* Berufungen werden in der alten Gemeinde weder erkannt noch gefördert. Es werden eine Handvoll Studiengänge und Berufsbilder angeboten, die alle auf den pastoralen Dienst abzielen. Daneben gibt es noch die Diakonie, die aber überwiegend als Sozialarbeit verstanden wird. Bei den ersten Diakonen lautete die Qualifikation noch:

> *Darum, liebe Brüder und Schwestern, sucht in der Gemeinde nach sieben Männern mit gutem Ruf, die ihr Leben ganz vom Heiligen Geist bestimmen lassen und sich durch ihre Weisheit auszeichnen. Ihnen werden wir diese Aufgabe übertragen* (Apg 6,3 HFA).

Von solchen Qualitäten sind wir heute weit entfernt, ganz egal, welchen geistlichen Dienst auch immer es betrifft. Angelehnt an das weltliche Modell von einseitig kognitiver Schulung, müssen die Anwärter für den pastoralen Dienst gut auswendig lernen können, um entsprechende Noten für die Akkreditierung zu bekommen. Wer sie dabei sind, wie ihr göttlicher Ruf, ihre Erfahrung mit dem Heiligen Geist ist und wie es um ihre Reife an Weisheit bzw. Verantwortungsfähigkeit bestellt ist, wird kaum gefragt. Nicht anders verhält es sich bei den Diakonen.

Die „neuen Pastoren" sind nicht die Vorstände und Verwalter, nicht mehr die „Herren der Gemeinde", so wenig wie diejenigen, die die Gemeinde auf ihren Schultern tragen. Sie sind keine Sozialarbeiter, Therapeuten, Psychologen, Manager und Theologen in einer Person (Stichwort: „eierlegende Wollmilchsau"), sondern jemand, der im Besonderen Anteil an der Hirtensalbung Jesu hat.

Diese „echten" Pastoren haben Psalm 23 mit jeder Faser ihres Seins „gefressen", durchlebt und erfahren. Sie verkörpern den Geist dieses Psalms und all der anderen Beschreibungen des gesalbten Hirtendienstes, wie zum Beispiel Johannes 10. Weiter unten werden wir noch auf Hesekiel 34 zu sprechen kommen. Unter dem Einfluss solcher Pastoren kommt die Gemeinde in die Realität der „stillen Wasser und grünen Auen, der Erquickung der Seele und des Mangels an nichts". Die Leute kommen durch die „dunklen Täler" hindurch und bleiben dort nicht unnötig lange hängen. In der Gegenwart dieser berufenen und geistbegabten menschlichen Hirten erfährt die Gemeinde die Salbung des göttlichen Hirten Jesus Christus, der ihr Haupt ölt, sie den gedeckten Tisch im Angesicht der Feinde finden und aus dem überfließenden Becher trinken lässt. *Alles das realisiert sich.* Es wird nicht nur darüber gesprochen, sondern es erfüllt sich. Das ist eine große Sache, wie jeder verstehen wird, der den Psalm 23 unter der Maßgabe liest, dass er sich Wort für Wort verwirklicht! Eine Gemeinde von Menschen, in der sich das tatsächlich vollzieht, kann nur als selig bezeichnet werden. (Und das ist nur einer von vielen Psalmen!)

Die Stimme des Hirten kennen

Die „neuen Hirten" haben nicht nur das schriftliche Wort studiert, sie kennen die Stimme des Hirten persönlich und hören sie nicht nur für sich selbst, sondern auch für andere, die damit Schwierigkeiten haben und in Bezug auf die Gemeinde als Ganzes. Das kann streckenweise überaus prophetisch anmuten, sodass Gemeindeglieder darüber erstaunen, wie seltsam genau die Pastoren sie anscheinend kennen und durchschauen. Da wird das Verborgene offenbar und die „Egospiele" werden aufgedeckt, weshalb man vorsichtig wird. Die Hirten können keine allzu große Diskrepanz zwischen Schein und Sein zulassen, sonst verdunkelt sich die Gemeinde und verliert ihre Berechtigung, sich Leib Christi zu nennen.

Wenn wir Jesu Maßstab aus Johannes 10,4 an seine Schafe anlegen, dass sie ihm folgen, weil sie seine Stimme kennen, dann können wir uns nur darüber wundern, wie viele Gläubige, ja selbst Pastoren, seine Stimme *nicht* kennen. Sie beziehen ihre Kenntnis über Jesus nur aus der Bibel, aber nicht aus der direkten Beziehung zu ihm. Damit bleibt auch die direkte und konkrete Führung auf der Strecke. Nur allgemeine Prinzipien und Verhaltensweisen werden aus der Schrift abgeleitet.

Wenn die Gemeindeglieder die Stimme des Hirten aber nicht kennen, wie sollen sie ihm dann folgen? Sie irren umher! Meiner Meinung nach ist das der Zustand vieler Christen und ihrer Gemeinden, die ich kennengelernt habe: Sie irren chronisch umher oder treten auf der Stelle. Sie haben keine Orientierung und Klarheit darüber, wo es langgeht.

In Johannes 10,14-15 sagt Jesus, dass er der gute Hirte ist und die Seinen kennt und die Seinen ihn kennen. Und zwar so, wie der Vater ihn kennt und er den Vater. Wie gut mögen die beiden sich wohl kennen? Ich gehe davon aus, dass sie einander *völlig* kennen – so sehr, dass sie „ineinander" sind: Jesus im Vater, der Vater in ihm. Da gibt es keine Fremdheit, keine Distanz, keine Unklarheit. Und so soll es also auch zwischen dem Hirten Jesus und uns, seinen Schafen sein, um die er sich kümmert. Er kennt uns völlig und so sollen auch wir ihn kennen und uns mit ihm identifizieren. Mehr noch als mit uns selbst.

Zur Ruhe kommen

In der Begleitung der Hirten kommt die Gemeinde unter der mächtigen Hand Gottes und seiner sicheren Versorgung zur Ruhe und Entspannung.

> *Fürchte dich nicht, du kleine Herde! Denn es hat eurem Vater wohlgefallen, euch das Reich zu geben* (Lk 12,32).

Wieder so ein kleiner Bibelvers, in dem Großes drinsteht! Unser Vater will uns sein Reich, seinen Himmel, seine Königsherrschaft, inklusive ihrer Macht und Würde, mitteilen. Wir haben ein Bürgerrecht im Himmel, das heißt, wir gehören wirklich und wahrhaftig dazu. Nicht nur theologisch-theoretisch, sondern ganz real. Wenn wir uns allerdings über den irdischen Anliegen vor Sorgen zermartern, dann sind die Hirten es, die uns mit aller Bestimmtheit aus diesem „engen Tal" herausführen bis vor den Thron Gottes, wo die Sorgen ihre Kraft verlieren, weil ja Jesus alle Macht im Himmel und auf Erden gegeben worden ist (s. Mt 28,18) und nicht den Problemen und Nöten.

> *Denn unser Bürgerrecht ist in den Himmeln, von woher wir auch den Herrn Jesus Christus als Retter erwarten, der unseren Leib der Niedrigkeit umgestalten wird und seinem Leib der Herrlichkeit gleichförmig machen wird, nach der wirksamen Kraft, mit der er vermag, auch alle Dinge sich zu unterwerfen* (Phil 3,20-21).

Dass Jesus die Macht hat, sich *alle* Dinge zu unterwerfen, auch uns zu transformieren (umzugestalten) von Niedrigkeit zu Herrlichkeit, und dazu noch Bürgerrechte in den Himmeln zu verschaffen, ist traumhaft, befreiend und beruhigend zugleich.

Perspektiven, die es auf Erden gar nicht gibt, werden uns eröffnet. Jesus will uns tatsächlich bei sich haben und legt sich dafür mit Tod und Teufel an! Das zu erkennen und immer tiefer zu verstehen, ist Glückseligkeit.

Die Erfahrung, dass ein so mächtiger König sich unser annimmt und uns einen Platz an seinem Tisch, in seinem Schloss und Reich gibt, ist wie ein Märchen, das für uns auf einmal Wirklichkeit wird. Unsere Seele lebt auf! Sie kommt aus der Deckung und aus dem Ego heraus, sie fasst Mut und Vertrauen, sie schlägt in die ausgestreckte Hand des großen Hirten der Schafe ein und betritt die Wunderwelt, die höher als die Erde ist.

Kapitel 3 und 4 des Hebräerbriefes befassen sich mit der RUHE, in die wir eingehen sollen. Die „Sabbatruhe Gottes", die „Ruhe von den eigenen Werken", steht uns offen, und wir sollen „eifrig sein", in diese göttliche Ruhe einzutreten. Diese Ruhe ist ein Ort und Zustand der Vollendung, von der Jesus sprach: *„Es ist vollbracht!"* Wir leben dort nicht mehr aus (religiöser) Leistung und daraus resultierendem Verdienst, also Geschäft, sondern in Gnade.

> *Denn aus seiner Fülle haben wir alle empfangen, und zwar Gnade um Gnade* (Joh 1,16).

An einem Ort, wo wir alles bekommen können, ohne dafür arbeiten und es verdienen zu müssen, kommt unsere Seele zur Ruhe, sie kann wieder Kind sein und spielen gehen. Das Leben verliert seine Last und seinen Stress. Wofür andere rund um die Uhr arbeiten, das bekommen wir geschenkt, denn:

> *Was könnt ihr denn ohne Gott erreichen? In aller Frühe steht ihr auf und arbeitet bis tief in die Nacht; mit viel Mühe bringt ihr zusammen, was ihr zum Leben braucht. Das gibt Gott den Seinen im Schlaf!* (Ps 127,2 GNB).

Den wahren Hirten, die von Jesus eingesetzt und gesalbt sind, geht es vordringlich darum, die Gemeinde in jene Ruhe Gottes zu bringen, wo sie aufatmen, regenerieren und in Frieden kommen kann. Das Leben in und aus der Gnade ist etwas ganz anderes als das Leben aus Leistung und mit „viel Mühe“. Jesus rief die „Mühseligen und Beladenen“ auf, zu ihm zu kommen. Er würde ihren Seelen Ruhe geben (s. Mt 11,28). Diese Ruhe geht mit der Gnade Hand in Hand bzw. resultiert daraus.

Sowohl die Sabbatruhe als auch die Gnade Gottes können wir auf menschlichem bzw. natürlichem Wege nicht erreichen. Wir können theologische Betrachtungen darüber anstellen und Bibelverse auslegen, aber *hineingehen* können wir nicht. Sind wir durch den Heiligen Geist, der in dieser Hinsicht besonders mit den Hirten zusammenwirkt, über die Linie gegangen und tauchen ein in die Fülle der Ruhe und Gnade Gottes, *stehen wir auf einer anderen Lebensgrundlage als zuvor.*

Die Hirten des fünffältigen Dienstes erkennen und verkündigen, offenbaren und realisieren Gottes hirtlichen Umgang mit der Gemeinde. Sie sehen, was er in der Gemeinde tut und wie er es tut. Sie hören, was er sagt und wie er es sagt. Sie arbeiten dafür, dass die ganze Gemeinde diese Hirtenschaft erkennt und empfängt und ein jeder der Stimme des Hirten folgen kann, die ihn (individuell) in die göttliche Ruhe führt.

Es ist nicht der menschliche Pastor, dessen Stimme die Gemeinde hört und dem sie folgt, sondern er vermittelt der Gemeinde das Hören und Folgen von Jesus selbst. Unter seiner Aufsicht erfüllen sich Psalm 23, Hesekiel 34 und Johannes 10. Die Gemeinde geht in diese Worte hinein und lebt die Erfüllung des Wortes Gottes in der Kraft der Salbung des innewohnenden Christus.

Freudenöl statt Trauer

Ein weiterer Aspekt dieser Salbung ist neben der „Ruhe“ das „Freudenöl“.

> *Der Geist des Herrn, HERRN, ist auf mir; denn der HERR hat mich gesalbt. Er hat mich gesandt, den Elenden frohe*

Botschaft zu bringen, zu verbinden, die gebrochenen Herzens sind, Freilassung auszurufen den Gefangenen und Öffnung des Kerkers den Gebundenen, auszurufen das Gnadenjahr des HERRN und den Tag der Rache für unsern Gott, zu trösten alle Trauernden, den Trauernden Zions Frieden, ihnen Kopfschmuck statt Asche zu geben, ***Freudenöl statt Trauer****, ein Ruhmesgewand statt eines verzagten Geistes, damit sie Terebinthen der Gerechtigkeit genannt werden, eine Pflanzung des HERRN, dass er sich durch sie verherrlicht* (Jes 61,1-3).

Dieses „Öl" wird im Neuen Testament explizit auf Jesus angewandt:

Du hast Gerechtigkeit geliebt und Gesetzlosigkeit gehasst; darum hat dich, Gott, dein Gott gesalbt mit ***Freudenöl*** *vor deinen Gefährten* (Hebr 1,9).

Das wiederum ist eine Erfüllung von Psalm 45,8.

Meine Wehklage hast du mir in Reigen verwandelt, mein Sacktuch hast du gelöst und mit Freude mich umgürtet, damit meine Seele dich besingt und nicht schweigt. HERR, mein Gott, in Ewigkeit will ich dich preisen (Psalm 30,12-13).

Die Freude am Herrn ist unsere Kraft (Neh 8,10).

Geradezu penetrant fordert Paulus uns im Philipperbrief auf, uns zu freuen:

Ich freue mich und freue mich mit euch allen. Freut ihr euch ebenso und freut euch mit mir! (Phil 2,17b-18).

Im Übrigen, meine Brüder und Schwestern, freut euch mit der Freude, die vom Herrn kommt! Ich schreibe euch immer wieder dasselbe; aber mir ist das keine Last und euch macht es noch sicherer (Phil 3,1).

Freut euch immerzu, mit der Freude, die vom Herrn kommt! Und noch einmal sage ich: Freut euch! (Phil 4,4).

Ich habe mich aber im Herrn sehr gefreut, dass ihr endlich einmal wieder aufgeblüht seid ... (Phil 4,10).

An solchen Stellen sehen wir, wie wesentlich „Freudenöl statt Trauer" ist. Und dann steht da in Jesaja noch etwas von „Schönheit statt Asche" und „Lobpreis statt Verzweiflung". DAS sind die Dimensionen, die unsere Seele braucht! Und zwar beständig. Diese Themen im Einzelnen auszuarbeiten, würde den Umfang dieses Buches sprengen. Hoffnung, Freiheit, Trost, Frieden, Freude, Schönheit, Lobpreis – diese Aspekte der in Jesaja 61 beschriebenen Salbung Jesu sind das, was die Hirten in der Gemeinde kultivieren. Der ganze fünffältige Dienst tut es – jeder in seiner Eigenart. Auf diese Weise wird sie der Leib Christi, in dem diese Salbung des Heiligen Geistes leibhaftig wohnt.

In der Gemeinde haben die Pastoren eine Aufsichtsfunktion. Mehr als die anderen vier Ämter. Sie achten auf die Lehre der Lehrer, ob sie „gesund" ist und die Prophetien der Propheten, dass sie im Rahmen von 1. Korinther 12-14 bleiben. Auch dass die Evangelisten der Gemeinde nicht zu viel Druck machen und die Apostel sich nicht elitär verhalten. *„Alles geschehe zur Erbauung!"* (1 Kor 14,26).

Pastoren Christi oder Pastoren des Systems?

Das Pastorenamt, wie wir es im Allgemeinen kennen, ist meines Erachtens nicht das, was der fünffältige Dienst beschreibt, denn der dient ja dem lebendigen und gesalbten Ausdruck von Jesus in und durch die Gemeinde. Und Jesus war und ist der gute Hirte, aber keiner, der Theologie studiert hat und von einer kirchlichen Institution lizensiert wurde, um eine Gemeinde nach deren Vorgaben am Laufen zu halten. Kein Pastor ist aufgrund seines Titels oder seiner Position per se ein Pastor von der Qualität des fünffältigen Dienstes.

Der fünffältige Dienst rüstet die Gemeinde zu, damit die ganze Gemeinde sich um die ganze Gemeinde kümmert. Die

Motivation und das Ziel des pastoralen Dienstes ist die Freisetzung und Befähigung der ganzen Gemeinde, sich mit göttlicher Barmherzigkeit und Liebe um die Nöte der Gemeinde zu kümmern. Es ist nicht die alleinige Aufgabe des Pastors, die Gemeinde zu versorgen, zu betreuen, zu trösten, zu heilen, aufzurichten, freizusetzen, zu nähren, zu bepredigen usw., sondern er stärkt, entfaltet, erzieht und begleitet die Wirksamkeit der Hirtenschaft Jesu in der ganzen Gemeinde. Die Gemeinde wird auf diese Weise durch und durch pastoral. Sie wird in die Lage versetzt, sich selbst (gegenseitig) aufzubauen in Liebe. Jeder hat Teil an dieser Aufgabe. Das heißt nicht, dass jeder selbst ein Pastor wird, aber er hat einen lebendigen Anteil an der lebendigen Hirtenschaft Jesu, die auch ihn an der Aufgabe der Erbauung der Gemeinde beteiligt.

Hesekiel 34

Im Alten Testament (Hesekiel 34) klagt Gott über die Hirten Israels, dass sie *„die Schwachen nicht gestärkt und das Kranke nicht geheilt und das Gebrochene nicht verbunden und das Versprengte nicht zurückgebracht und das Verlorene nicht gesucht haben, sondern mit Härte über sie geherrscht haben zu ihrem eigenen Nutzen“* (Hes 34,4).

Es folgt eine ziemlich herbe Abrechnung mit den eigenmächtigen und selbstherrlichen Hirten. Detailliert wird aufgeführt, was zu tun sie versäumt haben und wo sie sich an der Herde Gottes vergriffen haben. Dabei wird klar, dass es eine bestimmte Gesinnung, eine Haltung, einen Geist braucht, um ein „richtiger Hirte **nach der Art Davids**“ (Hes 34,23) zu sein. Die Hirten haben nicht GETAN, was sie sollten, weil sie nicht so WAREN, wie sie sein sollten. Zum Schrecken der Hirten Israels erklärte Gott als Konsequenz seines vernichtenden Befundes, dass er das Hirtenamt nun selbst in die Hand nehmen wird:

> *Ich selbst will meine Schafe weiden, und ich selbst will sie lagern, spricht der Herr, HERR. Das Verlorene will ich suchen*

und das Versprengte zurückbringen, und das Gebrochene will ich verbinden, und das Kranke will ich stärken; das Fette aber und das Starke werde ich austilgen (hüten); mit [meinem] Recht werde ich sie weiden (Hes 34,15-16).

Liest man das ganze Kapitel 34 in Hesekiel, dann wird klar, dass menschlich gesehen niemand so sein kann, wie es dort von den Hirten gefordert wird. Die Einsicht in die Befindlichkeit der Herde muss so tief sein, die Verpflichtung zu ihrem Wohl so umfassend und die Liebe so selbstlos, dass wir uns fragen können, wie jemand überhaupt auf die Idee kommen kann, er sei qualifiziert für solch einen Dienst? Von einem Theologiestudium zur Qualifikation dieses Amtes ist in Hesekiel 34 interessanterweise *nicht* die Rede, es geht ausschließlich um Herzenshaltungen. Die kann man nicht „studieren".

Von Jesus lesen wir, dass er tatsächlich der Hirte gemäß DAVID ist:

Man brachte einen Mann zu Jesus. Er war von dämonischen Mächten geplagt und konnte weder sehen noch sprechen. Jesus machte ihn ganz gesund und schenkte ihm die Fähigkeit zu sprechen und zu sehen. Alle, die das erfuhren, waren völlig außer sich und fragten einer den anderen: „Ist das nicht vielleicht doch der ***Davidssohn****, auf den wir seit Jahrhunderten warten?"* (Mt 12,22-23 DBU).

Da die Pharisäer nun einmal versammelt waren, stellte Jesus auch ihnen eine Frage. Er sagte zu ihnen: „Was denkt ihr über den versprochenen Retter? Wessen Sohn ist er?" Sie antworteten: ***„Der Sohn Davids"*** (Mt 22,41-42 GNB).

Jesus hat also die Gesinnung, die es braucht, den Geist, die Liebe, die Selbstverpflichtung und Einsicht in den Zustand der Schafe – und zwar eines jeden Einzelnen –, um Hesekiel 34 zu erfüllen. Er hat auch die Heilungskraft, um alle zu heilen, die Gerechtigkeit, „um zwischen Schaf und Schaf zu richten" (Hes 34,17), die Fähigkeit, sie aus aller Zerstreuung wieder zu sammeln. DAS ist die Hirtensalbung, die jede menschliche Möglichkeit übersteigt, *wenn die Salbung fehlt*. Die Hirten des fünffältigen Dienstes sind mehr als jeder andere Dienst an dieser Dimension und Macht Jesu beteiligt und bringen die Gemeinde mit ihr in unmittelbare Verbindung.

„System-Pastoren", wie ich die kirchlichen „Verwalter" einmal nennen möchte, die das institutionelle „Christentum" professionell am Laufen halten, können fern dieser Dimensionen und Kräfte des „Sohnes Davids" stehen und dennoch ihren „Job" vorschriftsmäßig erledigen. Wie sie sich selbst im Spiegel von Hesekiel 34 einschätzen, ist eine gute Frage. Sie werden ins Feld führen, dass dies alles ja nur Israel betrifft und nicht die Kirche. Unter dem Hirten Jesus werden aber Israel und die Gemeinde zusammengefasst, der Messias der einen ist der Christus der anderen. IN IHM kommen wir alle in die Erfüllung von Hesekiel 34, denn Gott hat sich in Christus seiner Herde selber angenommen, und zu ihr gehören alle, die ihm folgen, ob aus den Juden oder den Heiden. Das macht in ihm keinen Unterschied.

> *Denn als ihr in der Taufe Christus übereignet wurdet, habt ihr Christus angezogen wie ein Gewand. Es hat darum auch nichts mehr zu sagen, ob ein Mensch Jude ist oder Nichtjude, ob im Sklavenstand oder frei, ob Mann oder Frau. Durch eure Verbindung mit Jesus Christus seid ihr alle zu einem Menschen geworden* (Gal 3,27-28 GNB).

Dieser „**neue** Mensch in Christus" ist es, worum es geht. Bedenken wir einmal diese kleine Liste von Neuheiten, die Jesus mit uns realisieren will:[1]

- Eine neue Geburt (Joh 3,3)
- Ein neues Herz (Hes 36,26)
- Ein neuer Geist (Hes 36,26; Joh 14,15 f.; 16,5 f.; Apg 1,8)
- Ein neues Leben (Röm 6,4; 7,6)

[1] Entnommen meinem Buch „Initiation", GloryWorld-Medien 2021, S. 120.

- Eine neue Schöpfung (2 Kor 5,17; Gal 6,15)
- Ein neuer Mensch (Eph 2,15; 4,24)
- Ein neues Gebot (Joh 13,34; 1 Joh 2,8)
- Ein neuer Bund (Lk 22,20; 2 Kor 3; Hebr 9,15; 12,24)
- Neuer Wein (Mt 9,16 f.)
- Neuer Teig (1 Kor 5,7)
- Ein neues Lied (Ps 33,3; Offb 5,9; 14,3)
- Neue Sprachen (Mk 16,17; Apg 10,46;19,6; 1 Kor 12,10)
- Neue Namen (Offb 3,12)
- Ein neuer Weg (Jes 35,8-10; 43,18-19; Hebr 10,20)
- Das Neue Jerusalem (Hebr 12,22; Offb 21,2)
- Ein neuer Himmel und eine neue Erde (Jes 65,17; 2 Petr 3,13; Offb 21,1)

Da haben wir ja mal ein Schulungsprogramm in „Neuheiten" vor uns! Der Lehrer der Schule ist der Heilige Geist, das Mittel des Unterrichts ist Offenbarung und das Ziel der Schule eine persönliche Verwandlung in einen Menschen, der diese Neuheiten erfassen und erleben kann. Das Ziel ist eine Gemeinde, die in diesen Neuheiten wandelt und sie als der Leib Christi verkörpert. Das erfordert eine Identifikation mit diesen Neuheiten, die durch reine Predigttätigkeit nicht erreicht werden kann. Wird sie nicht erreicht, ist das Ziel des NEUEN Testaments nicht erreichbar, der Leib Christi als angemessenes Gefäß für den Geist Christi kann nicht gebildet werden, Christus und die Gemeinde bleiben weitgehend voneinander getrennt. Ist diese Zielverfehlung permanent, kann man sie meines Erachtens nur als tragisch und als Sünde bezeichnen.

> *Denkt nicht an das Frühere, und auf das Vergangene achtet nicht! **Siehe, ich wirke Neues!** Jetzt sprosst es auf. Erkennt ihr es nicht? Ja, ich lege durch die Wüste einen Weg, Ströme durch die Einöde. Dieses Volk, das ich mir gebildet habe, sie sollen meinen Ruhm erzählen* (Jes 43,18-19.21).

Pastoren des kirchlichen Systems des „Christentums" haben diese Neuheiten zumeist nicht im Lehrplan ihres Studiums behandelt und wissen gar nicht um die „große Sünde", die sie begehen, indem sie die Gemeinde *nicht* in die Realität des Neuen Bundes hineinführen und die obige Liste der Neuheiten *nicht* realisieren. Wenn nicht Jesus selbst sie berufen und selbst zu Pastoren bestimmt hat und an der entsprechenden Hirtensalbung beteiligt, ist es ja auch *nicht* möglich. Die Gemeinde hat dann nur den Namen „Gemeinde Christi", genau wie der Pastor nur den Namen hat, einer zu sein. Überall kleben die richtigen Etiketten drauf, aber es ist nicht drin, was draufsteht. Ein Betrug.

Bei vielen Pastoren ist ein Bewusstsein dafür, dass Jesus das Haupt der Gemeinde **ist**, die sein Leib **ist**, nicht vorhanden, sie sind eher kirchliche Funktionäre, die ihre Aufgabe nach Vorgabe und Anstellungsvertrag erfüllen und dafür bezahlt werden.

Berufsbild Pfarrer

Tatsächlich gibt es Pastoren, die nicht einmal gläubig sind und doch die kirchliche Routine und Liturgie bedienen. Die Kasualien – Taufe, Firmung/Konfirmation, Hochzeit, Beerdigung – sind standardisiert. Das Kirchenjahr mit seinen Feiertagen ist auf die immer gleiche Wiederholung angelegt. Ein Gemeindeleiter kann theoretisch geradezu durch eine „Maschine" ersetzt werden, der die entsprechenden Daten eingegeben sind und die nun die gestellten Aufgaben programmatisch erfüllt. Das ist das funktionale Priester- bzw. Pastorentum. Ob Jesus jemanden dazu berufen und sich ihm in seiner Hirtendimension offenbart hat, ob er in die übernatürliche Salbung Christi eingetreten ist und die Realität und Realisierung des Reiches Gottes lebt, das ist meines Erachtens etwas ganz anderes.

Im aktuellen Überblick des Berufsbildes „Pfarrer*in der evangelischen Kirche"[2] kommt Jesus mit keiner Silbe vor.

---

[2] https://www.beruf-trifft-kirche.de/berufe/pfarrerin/ueberblick; Abruf 28.1.22.

Auch nicht in der Übersicht des Studiums und der Berufsbeschreibung. Ausdrücklich wird darauf hingewiesen, dass „der Glaube an Gott keine Voraussetzung für ein Theologiestudium ist“. Die komplette Darstellung dreht sich zu 100 % um den Menschen und zu 0 % um Jesus. Diese Kirche gehört offenbar ganz sich selbst und macht ihr eigenes Ding. Wie schlecht oder gut sie das macht, steht auf einem anderen Blatt. Jedenfalls stellt sie den Anwärtern „eine große Dienstwohnung oder ein Pfarrhaus“ und ein lukratives Gehalt nach Beamtentarif in Aussicht. Fast alle der eingestreuten Kurzvideos von pastoralen Studenten und Mitarbeitern zeigen glückliche junge Frauen.

Auch auf den Startseiten freikirchlicher Verbände kommt Jesus seltsam wenig vor. Alles dreht sich dort um die Arbeit und den Menschen.

Selbst wenn wir neben Hesekiel 34 einen neutestamentlichen Text mit den „Anforderungen an Gemeindeleiter“ legen, kommen wir nicht umhin, festzustellen, dass man von solchen Qualitäten nichts in den heutigen kirchlichen Beschreibungen der pastoralen Ausbildung findet. Man kann das an einer Schule auch nicht „lernen“, sondern nur unter der Salbung Christi entfalten und dauerhaft leben, ohne ein Heuchler zu sein, der nur so tut, als ob.

> *Das sind die Bedingungen für diese Leitungsverantwortung in der Gemeinde: So jemand soll ein untadeliges Leben führen, mit nur einer Frau verheiratet sein und Kinder haben, die auch an Jesus glauben, denen man kein ausschweifendes Leben oder Aufsässigkeit nachsagen kann.*
> *Ein Gemeindeleiter soll untadelig sein, da er ja sozusagen der Hausverwalter Gottes ist, nicht selbstherrlich oder jähzornig, nicht dem Wein verfallen oder ein Schläger oder geldgierig.*
> *Er soll stattdessen gastfreundlich sein, ein Liebhaber des Guten, besonnen und gerecht sein, gottgeweiht leben und sich selbst im Griff haben.*
> *Er muss festhalten an der zuverlässigen Gottesbotschaft, die der verbindlichen Lehre entspricht, sodass er in der*

Lage ist, die gesunde Lehre weiterzugeben und auch die von ihrer Gültigkeit zu überzeugen, die ihr widersprechen (Titus 1,6-9 DBU).

Eine ähnliche Liste finden wir in 1. Timotheus 3,1-7.

Fassen wir die pastoralen Aufgaben zusammen, dann ist klar, dass das ein natürlicher Mensch nicht leisten kann, sondern nur ein übernatürlicher. Schon für sich selbst kann er das nicht tun, geschweige denn für andere. Auch ein Theologiestudium macht keinen Pastor.

Es geht um eine Teilhabe an Jesus selbst: an dem Christus, dem Gesalbten. ER nimmt Gestalt in der Gemeinde an, die ja sein Leib ist, welcher die Aufgabe hat, Jesu Geist zu verkörpern, der Salbung ein Gefäß zu geben, in die sie sich gießen kann, und in der Welt so weiterzuwirken, wie Jesus in den Evangelien gewirkt hat.

Wenn wir das wissen und annehmen, sind wir mit unserem Verständnis darüber, was die Gemeinde ist, auf der richtigen Spur. Aber es zieht auch eine Trennlinie zwischen der Gemeinde, die tatsächlich der Leib Jesu ist, und der, die eine andere Körperschaft ist. Diese andere Körperschaft, Institution oder Organisation sieht es nicht als ihre Aufgabe an, Jesus zu verkörpern, sondern ihre eigene religiöse Agenda zu pflegen.

Gott beruft Menschen, denen er die Dimensionen und auch die Wege offenbart, wie er selbst eine Gemeinde versorgt und stärkt, das Kranke heilt, das Gebrochene verbindet, die Verstreuten zurückbringt und die Verlorenen sucht und die Seelen aller Menschen der Gemeinde zur Ruhe in Gott führt und ihre Gesichter zum Strahlen bringt. Das sieht in der Praxis bei jeder Gemeinde anders aus, da jede Seele einmalig und das Zusammenspiel der Gaben in jeder Gemeinschaft einzigartig ist.

Der Gott des Friedens aber, der den großen Hirten der Schafe aus den Toten heraufgeführt hat durch das Blut eines ewigen Bundes, unseren Herrn Jesus, vollende euch in allem Guten, damit ihr seinen Willen tut, ***indem er in uns schafft, was vor ihm wohlgefällig ist,*** *durch Jesus Christus,* *dem die Herrlichkeit sei von Ewigkeit zu Ewigkeit! Amen* (Hebr 13,20-21).

Was für ein Vers! Was für eine Hoffnung auf Herrlichkeit! Was für eine geistliche Revolution!

Kapitel 5

Der *neue* Lehrer

Denn die Gnade Gottes ist erschienen,
heilbringend allen Menschen,
***und unterweist uns**, damit wir die Gottlosigkeit*
und die weltlichen Begierden verleugnen
und besonnen und gerecht und gottesfürchtig leben
in dem jetzigen Zeitlauf.

Titus 2,11-12

So fundamental die pastorale Dimension ist, um unsere Seelen zu bergen und zu trösten, zu versorgen und tiefer hinein „in Christus" zu begleiten, so nötig ist für unseren Fortschritt und unser weiteres Wachstum der Lehrer.

Göttliche Unterweisung

Wie im Natürlichen auch kommen die „geistlichen Kinder" in die Schule. Das Potenzial des Lernens und Aufnehmens ist schon im Natürlichen riesig groß und wird von der Schule meines Erachtens häufig mehr gehindert als entwickelt, eher blockiert als freigesetzt. Denn die Art und Weise, wie wir Schule betreiben, gleicht einer Gleichschaltung und Schablonierung der Schüler. Alle benehmen sich gleich, lernen gleich, wiederholen das Gleiche, bis sie in die Gleichung passen, die vorgegeben ist. Viele Studien belegen, dass die Schule den Kindern ihre angeborene Genialität austreibt, mit der sie ihre „Lernkarriere“ beginnen.[1]

> Mit 8 sind viele Menschen genial,
> das Kunststück ist, Genie zu bleiben.[2]

Nicht so geht es bei Gott. Sind wir wiedergeboren und mit dem Hirten unserer Seele vertraut geworden, beginnt ein umfassender Lernprozess, der alle Dinge im Himmel und auf Erden umfasst. Das „Studium des Heiligen Geistes“ ist allumfassend und endet nie. Die oben in Titus 2,11-12 genannten Ziele der Lehre, *„die Gottlosigkeit und weltlichen Begierden zu verleugnen sowie besonnen, gerecht und gottesfürchtig zu leben“* – ich weiß nicht, ob DAS im Lehrpensum der Theologiestudenten und Bibelschüler obenan steht? Wenn nun die Leiter der Gemeinde selbst nicht in diese Dimension der GNADE hinein-unterwiesen worden sind, wie sollen sie die Gemeinde hineinbringen?

> *Die Salbung, die ihr von ihm empfangen habt, bleibt in euch, und ihr habt nicht nötig, dass euch jemand belehrt, sondern* ***wie seine Salbung euch über alles belehrt****, so ist es auch wahr und keine Lüge* (1 Joh 2,27a).

> *Doch ihr habt diese Salbung, die Bevollmächtigung des Gottesgeistes, von ihm erhalten. Sie bleibt bei euch. Deshalb ist es nicht notwendig, dass irgendjemand euch unterrichtet. Denn genau diese Bevollmächtigung* ***unterrichtet euch in allen Dingen****. Sie beinhaltet nichts als die reine Wahrheit und ist keine Täuschung. Also: Genau so, wie er, der Geist Gottes, euch unterrichtet hat, so führt euer Leben weiterhin in der Verbundenheit mit ihm!* (1 Joh 2,27a DBU).

---

[1] Unter dem Begriff „Deschooling” werden auf Wikipedia 31 Kritikpunkte an der üblichen Form staatlicher Schule genannt, die es in sich haben. (Wikipedia 1.1.24)

[2] Jean Cocteau, https://www.zitate.eu/autor/jean-cocteau-zitate?page=6

Das korreliert mit 1. Korinther 2,12-16:

> *Wir aber haben nicht den Geist der Welt empfangen, sondern den Geist, der aus Gott ist, damit wir die Dinge kennen, die uns von Gott geschenkt sind.*
> *Davon reden wir auch,* ***nicht in Worten, gelehrt durch menschliche Weisheit, sondern in Worten, gelehrt durch den Geist****, indem wir Geistliches durch Geistliches deuten.*
> *Ein natürlicher Mensch aber nimmt nicht an, was des Geistes Gottes ist, denn es ist ihm eine Torheit, und er kann es nicht erkennen, weil es geistlich beurteilt wird.*
> ***Der geistliche Mensch dagegen beurteilt zwar alles****, er selbst jedoch wird von niemand beurteilt. Denn „wer hat den Sinn des Herrn erkannt, wer, der ihn unterweisen könnte?“*
> ***Wir aber haben Christi Sinn****.*

Wir stehen vor der gleichen Frage, wie zuvor bei den Hirten: Wofür brauchen wir „Lehrer“, wenn wir durch die Salbung selbst über alles belehrt werden und in der Folge alles beurteilen können?

Wenn wir allerdings wiedergeboren sind, wissen wir zunächst nicht, was „Salbung“ überhaupt sein soll, wie man mit dem Heiligen Geist kooperiert, wie man seine Führung empfängt und eben auch nicht, wie seine Belehrung aussieht. Wir sind erst einmal auf externe Lehrer angewiesen, die uns im Prozess des geistlichen Verstehens begleiten. Es geht um große Dinge: Die Wiedergeburt, Erleuchtung, Transformation, Gott-Vater, den Sohn und den Heiligen Geist kennenlernen, die Bibel lesen, die Gnade erfahren, verschiedene Taufen durchlaufen usw.

Mündigkeit

Nach Hebräer 6,1-3 gibt es Grundlagen, die den „Unmündigen“ gelehrt werden, wobei die Schüler darauf achten sollen, wie *das Zeugnis des Heiligen Geistes in ihrem Herzen* darauf reagiert.

> *Denn während ihr der Zeit nach Lehrer sein solltet, habt ihr wieder nötig, dass man euch lehrt, was die Anfangsgründe der Aussprüche Gottes sind; und ihr seid solche geworden, die Milch nötig haben und nicht feste Speise* (Hebr 5,12).

Hier sehen wir, dass wir alle – also die ganze Gemeinde – mündig und lehrfähig werden sollen. Die gesunde Lehre soll uns vertraut werden, in Fleisch und Blut übergehen. Die Gemeinde hat insgesamt Anteil an der Lehrsalbung Christi. Der Lehrer des fünffältigen Dienstes entfesselt sie. Er hält die Gemeinde nicht dumm und abhängig von den „Experten". Er treibt sie in die Geheimnisse Christi hinein, in die „ganze Wahrheit" und damit die „ganze Freiheit".

Wir sollen reifen und irgendwann so selbständig denken, glauben, beten, Gott fragen und mit seinen Antworten umgehen können, dass wir nicht mehr auf externe Betreuung angewiesen sind. Aber auch dann lernen wir weiter, jedoch selbstständig. Am Anfang vermitteln uns Lehrer die Inhalte, später holen wir sie uns selbst.

Die Lehrer helfen der ganzen Gemeinde, in der lebendigen Lehre Christi *zu leben*. Das ist etwas ganz anderes als formale Wissensaneignung aus Predigten, Büchern oder Seminaren. Dabei macht der Heilige Geist alles zu einem Lehrgegenstand, *das ganze Leben*. Unser **Alltag** ist die Schule, in der wir unterscheiden lernen, was real ist und was nur Schein, was vordergründig und hintergründig vor sich geht, was wahr und rein und was gelogen und unrein ist.

In der Welt haben wir es mit einer umfassenden Täuschung, einer „Lügen-Matrix" zu tun, die uns in einer illusionären Scheinrealität gefangen hält. Der Heilige Geist ist der Geist der Offenbarung, der uns aus dieser Matrix herausführt, ihre Grenzen überwinden lässt und in eine „höhere" Wirklichkeit einführt, die auch die geistlichen Dimension umfasst. Vieles davon ist mit dem Verstand alleine nicht zu fassen, egal wie gebildet jemand ist, es wird intuitiv erkannt. Träume und Visionen, Prophetie und Engel kommen ins Spiel. *Unsere*

Wahrnehmung wird erweitert. Die Lehrer helfen uns, das einzuordnen und zu entschlüsseln. Denn die Wege und Gedanken Gottes sind höher als unser Wege und Gedanken.

> *So hoch der Himmel über der Erde ist, so weit reichen meine Gedanken hinaus über alles, was ihr euch ausdenkt, und so weit übertreffen meine Möglichkeiten alles, was ihr für möglich haltet* (Jes 55,9 GNB).

Verlernen

Die Lehrer stehen vor dem gewaltigen Problem, dass wir bereits von der Welt über viele und wesentliche Dinge *falsch* belehrt wurden oder auch *gar nicht*. Viele Themen, Bereiche und Aspekte der Wirklichkeit wurden einfach ausgeblendet. Nicht nur, was religiöse oder geistliche Dinge betrifft, sondern auch bezüglich dem, was sonst noch alles in der Welt vor sich geht, sind wir weitgehend fehlinformiert worden und ideologisch verprägt bzw. indoktriniert worden.

Wer von der Salbung alias dem Heiligen Geist in die „ganze Wahrheit" geführt wird, der muss sehr viel verlernen. Das ist nicht einfach. Nach dem Verlernen kommt dann das Neu-Lernen, wie sich alles *wirklich* verhält. Dieser Prozess kann uns sehr zusetzen, weil kaum zu glauben ist, wie viel Verkehrtheit wir für richtig hielten und wie wenig Richtigkeit bzw. Wahrheit uns bewusst war. Die Auflösung des „alten Wissens" wird uns in den Zustand bringen, wo wir verzweifelt ausrufen: „Ich weiß jetzt gar nichts mehr!" Da müssen wir durch. Nach der Auflösung kommt die Neuformierung und wir erfahren eine ganz andere Qualität von Information, die unser komplettes Leben in einen neuen Zusammenhang stellt.

Die echten und gesalbten Lehrer wissen, dass die Wahrheit, die sie lehren, nicht eine statische, dogmatische Wahrheit ist, sondern eine lebendige und dynamische. Das ist ein riesengroßer Unterschied. Jesus sagte, seine Worte seien „Geist und Leben" (Joh 6,63). Der gesalbte Lehrer ist nur dann mit seiner

Lehre zufrieden, wenn seine Worte ebenfalls Geist und Leben transportieren und eine entsprechende Wirkung auf seine Hörer haben.

> Lehren ist eine übernatürliche Gabe des Heiligen Geistes. Jemand ohne diese Gabe kann die Bibel verstehen, wenn er sie hört oder liest, aber er kann sie nicht so erklären wie jemand mit der Gabe. Obwohl man diese Fähigkeit entwickeln kann, kann man sich die spirituelle Gabe der Lehre nicht aneignen wie einen Uni-Abschluss. Eine Person mit einem Doktortitel, aber ohne Gabe der Lehre wird die Bibel nicht so gut offenlegen können wie jemand ohne Abschluss und Titel, aber mit der Gabe der Lehre.[3]

Die lebendige Wahrheit unterrichtet uns anders, als es die weltliche Art von Informationsvermittlung tut. Sie informiert uns nicht nur, sie initiiert uns. Das heißt, sie bringt das, worüber sie lehrt in uns hinein und bringt uns in das hinein, worüber sie lehrt. Die lebendige Wahrheit wird ein Teil von uns und wir werden ein Teil von ihr. Nur so können wir der „Leib Christi" sein und seine Lehre leben.

Wenn gesalbte Lehrer predigen, ist es so frisch, als würde das allererste Mal darüber gesprochen werden. Es ist faszinierend, bewegend, überraschend, machtvoll – genau wie Jesus gelehrt hat und die Leute darüber erstaunten und außer sich gerieten.

> *Die Anwesenden waren völlig erstaunt über das, was Jesus sie lehrte. Denn er unterrichtete sie wie einer, der wirkliche Autorität besitzt, und nicht wie die Gesetzesgelehrten* (Mk 1,22 DBU).

> *Und es geschah, als Jesus diese Worte vollendet hatte, da erstaunten die Volksmengen sehr über seine Lehre; denn er lehrte sie wie einer, der Vollmacht hat, und nicht wie ihre Schriftgelehrten* (Mt 7,28-29).

---

[3] www.gotquestions.org/Deutsch/spirituelle-Gabe-Lehrens.html

Die von Jesus in die Gemeinde gegebenen Lehrer versetzen die Gemeinde in genau dieses Erstaunen und demonstrieren jene Vollmacht, mit der Jesus lehrte. Das Ziel ist, dass die Gemeinde mit der Macht des lebendigen Wortes vertraut wird und begreift, dass Jesus alle Verheißungen Gottes in ihrem Leben realisieren will. Gott gibt uns keine Informationen um der Information willen. Darum schweigt er zu vielen Themen, bis sie wirklich relevant für unser Leben werden und wir sie in uns integrieren können und sie uns in sich. Wir finden bei der göttlichen Art der Lehre immer diese Wechselwirkung. Es vollzieht sich ein geistgewirktes „Ineinanderkommen". Darum ist die lebendige, göttliche Lehre inspirativ und transformativ zugleich.

Initiation

In meinem Buch „Initiation" habe ich mich mit der Frage, ob eine Lehre uns lediglich informiert oder aber initiiert, auseinandergesetzt. Für eine reine Informationsvermittlung, wie die Art der Lehre der Schriftgelehrten, braucht es keine Vollmacht, für eine Initiation aber schon, denn sie ist ja eine Verwandlung in das, was durch die Lehre offenbart wird. Hier ein Auszug aus diesem Buch:

> Wir setzen heute gemäß unserer Kultur ganz auf Wissen und bilden Gemeinden und ihre Leiter entsprechend kopflastig aus. Sie brauchen keine „Erleuchtung" bzw. kein „wunderbares Licht" mehr, keine heilige Erfahrung, sondern gute Noten in Homiletik, Kirchengeschichte und Exegese.
> Kaum mehr wird nach Begriffen wie Identität und die dafür notwendige Initiation gefragt. Wir haben in der Folge heute jede Menge Leiter und Mitarbeiter in den Gemeinden, die selber nie in die Dimension des Heiligen, des Königlichen oder der Erwählung eingetreten sind – sie wissen nur etwas darüber, jedoch sind sie es nicht geworden.

Das ist der feine, aber alles entscheidende Unterschied:
***Wissen* oder *Werden*.**

Um Menschen zu informieren, brauchen wir informierte Leiter, um sie zu initiieren, brauchen wir initiierte Leiter. Um uns mehr Wissen, etwa über das „königliche Priestertum", anzueignen, reicht ein Studium vielleicht aus, aber nicht, um königliche Priester zu werden. Dafür braucht es eine Initiation. Diese geschieht jedoch nicht im Klassenzimmer, sondern ereignet sich „draußen in der Wüste und in den Bergen" ... in der Einsamkeit und Wildnis. In der Wirklichkeit. Die Schrift ist voller Beispiele dafür, wie Gott seine Leute eben dorthin führte, um ihnen zu begegnen, um sie mit sich selbst zu konfrontieren und durch einschneidende, existentielle und heilige Erlebnisse grundlegend zu verändern.

Die großen Veränderungen, nach denen viele Menschen sich so sehr sehnen, geschehen in aller Regel nicht in den gediegenen Wänden einer Gemeinde oder theologischen Ausbildungsstätte, sondern an abgelegenen Orten, wo sie ohne Ablenkung sind und genügend Abstand zum Alltagsgeschäft haben, um zur Besinnung zu kommen und eine direkte Erfahrung mit dem zu machen, der sie „aus der Finsternis ins Licht" ruft.

Es scheint fast so, als wäre proportional zum angestiegenen theologischen Wissen die Qualität der Identität der Ecclesia (wörtl.: die „Herausgerufene") in ihren Berufungen und Bestimmungen von Gott her rückläufig.

Sind unsere Verantwortlichen selbst nicht den Weg der Initiation gegangen, sind sie entsprechend auch nicht in der Lage dazu, uns „in die Wüste" oder „auf den heiligen Berg" zu führen. Oder sie können nicht erkennen, wann der Heilige Geist einen jeden von uns ruft, aufzubrechen und den Weg der Verwandlung und geistlichen Reife zu gehen.

Natürlich kann man Ämter und Titel nach zweckrationalen Kriterien vergeben, aber das heißt noch lange nicht, dass auch drin ist, was draufsteht. Heute werden Ämter und Titel vorrangig funktional gesehen und entsprechend besetzt. Es geht allenthalben ums TUN und nicht ums SEIN. Wir sind aufgabenorientiert und nicht reifeorientiert. Aber Aufgaben erledigen ist etwas ganz anderes als Jünger sein und den heiligen Weg gehen.

Der bekannte Franziskaner Richard Rohr, der sich Jahrzehnte lang mit der Frage nach einer modernen Form von Initiation für Männer befasste und großartige Bücher darüber geschrieben hat, sagt in einem seiner Werke:

> Motiviert zu meiner Arbeit hat mich immer wieder die Traurigkeit und Enttäuschung darüber, dass so viele Männer, die ich kennengelernt habe, kein inneres Leben zu haben scheinen – und das gilt auch für Pfarrer, Ordensleute und engagierte Laien, für hochrangige, erfolgreiche Führungspersönlichkeiten, von denen man eigentlich anderes erwartet. Sie sind daran nicht selbst schuld, wenn es überhaupt um Schuld geht. Niemand hat ihnen je etwas anderes geboten als das billige „Linsengericht" Jakobs. Wir sind Nachkommen Esaus, wir haben unser Erstgeburtsrecht gegen Fast-Food-Religion eingetauscht (1 Mose 25,29-34). Und diese kann weder das Selbst noch die Welt in ihrer Tiefe fassbar machen.[4]

In früheren Zeiten war es allgemein üblich, dass ein junger Mann Mentoren hatte; er wurde zur Ausbildung zu Meistern seines Fachs geschickt, bei denen er ganz praktisch in deren Kunstfertigkeiten unterwiesen wurde. Aber mehr noch, lebte er eine Zeit lang mit ihnen zusammen. Er studierte dabei ihr ganzes Sein und besuchte nicht nur ihren Unterricht in Werkkunde. Bis in die Neuzeit hinein war das Ausbildungsmodell von Jesus allgemein verbreitet: Der Meister und die Schüler, die sich um ihn scharten. Die Schüler wurden dabei vom Meister nicht nur informiert, sondern initiiert. Sie nahmen Teil an seinem Leben und Dienst, seiner Sicht und Handhabung der Dinge, seiner Reife und seinem Geist. Nicht ein Lehrpensum und das Absolvieren von Prüfungen entschieden darüber, ob ein Schüler so weit war, als tauglich und bewährt eingestuft zu werden, fähig, auch andere zu unterweisen, sondern der Meister beurteilte die Qualität und Reife des Schülers. Dabei umfasste die Beurteilung den ganzen Menschen und nicht nur ein Fach.

---

[4] R. Rohr, „Endlich Mann werden – Die Wiederentdeckung der Initiation", Claudius Verlag München 2005, S. 11-12

Denn der Mensch sieht auf das, was vor Augen ist, aber der Herr sieht auf das Herz (1 Sam 16,7).

Gott prüft das HERZ des Menschen, er schaut hinter die Fassade und in die Tiefe, wo wir die sind, die wir wirklich sind – und wovon wir häufig herzlich wenig wissen. „Herzensbildung" (Stichwort: „emotionale Intelligenz") ist heute kein Fach in der Schule, entsprechend haben wir kluge Köpfe mit verkümmerten Herzen.
Das Ziel initiatischer Bildung ist es, einen Menschen an sein tiefes Inneres heranzuführen, ihm einen Spiegel vorzuhalten und zu Selbsterkenntnis und Selbstreflektion zu befähigen. Selbsterkenntnis und Gotteserkenntnis gehen Hand in Hand und sind vorwiegend eine Herzensangelegenheit. Dabei spricht das Herz seine eigene Sprache, die nicht dem Intellekt entspricht und darum auch nicht allein mittels Lehrbuch und Seminar vermittelt werden kann.
Das Herz eines Menschen zu erkennen, seine einmalige Art, wie es wahrnimmt, empfindet und die Dinge betrachtet, das ist eine Aufgabe, der unsere verkopften Schulen nicht gerecht werden können; dafür braucht es eine ganz andere Qualität von Lehrern, die natürlich selbst durch Prozesse der Herzensbildung gegangen und darin gereift sein müssen, um nun anderen damit zu dienen.[5]

Soweit der Auszug aus dem Buch „Initiation". Es soll das Dilemma aufzeigen, in welchem wir mit unserem heutigen Bildungsmodell stecken. Auch in der Gemeinde, die in ihrer Lehrmethodik offenbar häufig wieder in die Spuren der Schriftgelehrten zurückgerutscht ist, die theologisches Wissen, aber keine Vollmacht haben.

Im Neuen Testament ist Lehrer oder Meister oft die Übersetzung von *Rabbi*. Und Rabbi ist die respektvolle Anrede der geistlichen Lehrer im Spätjudentum (Joh 3,2). Es bedeutet: Mein Lehrer. Diesem Meister folgt der Schüler nach. Er wird so zu dessen Nachfolger.

---

[5] Aus meinem Buch „Initiation", GloryWorld-Medien 2020, Abschnitte von S. 15-18 und 20-21.

> Das geschieht durch das wörtliche Mitgehen. Auch durch das inhaltliche mitgehen. Die Berichterstatter und Übersetzer verwenden diese drei Worte (Lehrer, Meister, Rabbi) synonym.[6]

Prägender Einfluss

> Als Kirchenlehrer (lateinisch: doctores ecclesiae) werden Theologen und Heilige bezeichnet, die einen prägenden Einfluss auf die Theologie der christlichen Kirche hatten. Mit diesem Ehrentitel wurden nur wenige Personen ausgezeichnet; in älterer Zeit (und bis heute in den Ostkirchen) geschah dies relativ spontan, aber auch durch einige Konzilien. In der Westkirche wird die Erhebung zum Kirchenlehrer formell durch den Papst ausgesprochen. Einige herausragende frühchristliche Schriftsteller bis etwa zum 6. Jahrhundert werden zudem als Kirchenväter bezeichnet.[7]

Dieser Beitrag von Wikipedia zeigt einen Punkt auf, der ganz wesentlich auf die Lehrer zutrifft: Sie können aufgrund ihrer Unterweisung einen „prägenden Einfluss“ auf die Gemeinde ausüben – mehr noch als die Hirten. Noch mächtiger ist dieser Einfluss, wenn er mit den Propheten gemeinsam auftritt. Darum finden wir im Neuen Testament auch eine umfangreiche Auseinandersetzung mit den Irrlehrern und falschen Propheten, die von der „gesunden Lehre“ abweichen. Sie stellen eine erhebliche Gefahr dar und können Spaltungen und Parteiungen anrichten. Kommt ihr Ego ins Spiel, das recht behalten will, können sie dafür ganze Gemeinden zerstören.

> *Dieses lehre und schärfe es ein: Wer anders lehrt und sich nicht an die gesunden Worte unsers Herrn Jesus Christus und an die Lehre hält, welche der Gottseligkeit dient, der ist von Hochmut verblendet und versteht in Wirklichkeit nichts, sondern krankt an der Sucht nach spitzfindigen*

---

[6] https://bibelarbeit.info/hirte_und_lehrer.php

[7] Wikipedia, „Kichenlehrer“, 8.2.22. Dort findet sich u. a. eine vollständige Liste der katholischen Kirchenlehrer.

> *Untersuchungen und Wortgezänk, aus denen nur Neid und Streit, Schmähungen, boshafte Verdächtigungen und fortwährende Zänkereien von Menschen entstehen, die geistig zerrüttet sind und den Sinn für die Wahrheit verloren haben* (1 Tim 6,3-5 MNG).

Manche dieser Lehrer versteigen sich wegen ihrer „tiefen Einsicht" dazu, sich für Apostel zu halten, die nun endlich die „richtige und reine" Gemeinde auf die richtige und reine Lehre gründen. Dabei vergessen sie, dass die Gemeinde auf Christus gegründet ist und nicht auf Lehren. Das Leben und die Wirklichkeit sind mehr als Lehren, und deren Befolgung bringt uns in gar nichts hinein, nur weil sie „richtig" ist. Jesus ist *„die Tür"*, durch die wir in die himmlischen Realitäten eintreten, die zum großen Teil „unaussprechlich" sind (vgl. 2 Kor 12,4). Das heißt, wir können mit ihnen per se nicht durch Lehren in Berührung kommen, sondern müssen sie erleben.

Lehre über nicht lehrbare Dinge und Dimensionen kann in dieser Hinsicht eine verengende und blockierende Wirkung haben, aber schlimmer noch, eine irreführende. Zum Beispiel habe ich in den vergangenen Jahren eine Menge „Lehren" über die Engel gelesen und gehört. Meine eigene Erfahrung mit ihnen weicht davon jedoch erheblich ab. So etwas kann zutiefst verunsichernd sein. Wer hat denn nun recht mit seiner Lehre?

Wir sehen an diesem Beispiel, dass es bei der geistlichen und lebendigen Lehre in vielen Bereichen keine dogmatische Festlegung gibt, sondern eine Beweglichkeit erhalten werden muss. Betrachten wir am Beispiel der Lehren über Engel die schriftlich festgehaltenen Zeugnisse aus der gesamten Kirchengeschichte, so finden wir ein unübersehbar breites Spektrum an Erfahrungen, die in keine bestimmte Lehre gefasst werden können. Auch in der Bibel selbst finden wir bereits diese Vielfalt, die uns eine Ahnung davon vermittelt, wie unendlich vielschichtig und vielgestaltig die himmlischen Regionen sind. Schon der materielle Mikro- wie Makrokosmos der Erde ist unfassbar groß, wieviel gewaltiger werden die unsichtbaren und geistlichen Dimensionen da sein? Sowohl die Wissenschaft als auch die Religion sollten sich davor hüten, zu „endgültige" Antworten auf Fragen zu geben, deren Geheimnisse sich immer tiefer, höher, weiter und breiter entfalten, je weiter wir in sie vordringen.

Apologetik

Geradezu suchtartig versucht die Welt – inklusive ihrer Religionen – alles zu erklären, zu regeln und zu kontrollieren. Abweichungen vom vorgegebenen Weg und vom Wissen der „Experten" sind schwer möglich, da sie ihre Expertise verabsolutieren und anderen auferlegen. Bald jedoch relativiert sich die „Richtigkeit" von gestern und müsste sich selbst überwinden für die neue Richtigkeit von heute. Dies wird regelmäßig von den Lehrern von gestern in apologetischer[8] Manier abgelehnt und bekämpft. Sie akzeptieren keine Veränderungen und Korrekturen, womit sie sowohl anachronistisch als auch elitär werden.

In 1. Korinther 8,1 heißt es, dass die Erkenntnis aufbläht, die Liebe aber aufbaut. Hier müssen die Lehrer „höllisch" aufpassen, sich nicht zu überheben und die Gemeinde ihren Lehren zu unterwerfen. Solche Gemeinden werden regelmäßig gesetzlich und sektiererisch. Sie können totalitäre Züge annehmen. Eine andere Sicht der Dinge oder eine abweichende Meinung wird nicht toleriert. Die Vielfalt wird zur Einfalt und der Sinn des Christenlebens wird zum Einhalten von Regeln und an Lehren angepasstes Verhalten.

Ich habe schon manche Gemeinden erlebt, in deren Mitte nicht mehr Jesu stand, sondern bestimmte Lehren. Egal wie gut und korrekt sie waren, hatten sie die Tendenz, zu „Götzen"

---

[8] **Apologetik oder Apologie** (von altgriechisch ἀπολογία apología, deutsch ‚Verteidigung, Rechtfertigung', vgl. a. engl. to apologize) bezeichnet die Verteidigung einer (Welt-)Anschauung. ... Die Funktionen der Apologetik, nämlich die vernunftgemäße Verteidigung des eigenen Glaubens und der eigenen Weltanschauung, gibt es auch in vielen anderen Religionen und Weltanschauungen, z. B. im Islam (Wikipedia, 13.10.23).

zu werden. Ein elitärer Geist kam herein, der alle anderen Gemeinden und Christen als „noch nicht so weit" beurteilte und sich für besonders erwählt hielt. Solche Gruppen können wirklich stark sein in ihrem Feld von Erkenntnis, aber vergessen, dass „unsere Erkenntnis Stückwerk ist" (1 Kor 13,9) und sie zwingend über kurz oder lang aufgrund ihrer einseitigen Betonung bestimmter Lehren in Schieflage kommen werden.

Ich war schon in Gemeinden, die zum Beispiel als Schlüssel zu ALLEM auf den „richtigen Lobpreis" oder „geistliche Kampfführung" oder „Heiligung" oder bestimmte Endzeitlehren usw. setzten.

Wird ein neues Thema in die Gemeinde eingeführt und die Gemeinde in es hineingebracht, dann wird es unausweichlich eine Zeit lang stark betont werden. Das kann gar nicht anders sein. Aber dann fügt es sich in die Summe der anderen Aspekte Christi ein. Es wird integriert. Das ist gesund. Bleibt eine Gemeinde jedoch bei einem Thema stehen und verabsolutiert es, dann ist es krank.

Geistlos und mechanisch vs. erleuchtend und lebendig

Der oben zum Teil zitierte Beitrag von Wikipedia zum Thema „Kirchenlehrer" informiert in seinem weiteren Verlauf über 37 von der katholischen Kirche anerkannte Lehrer – in 2000 Jahren! Die Anerkennung von ihnen allen geschah nach ihrem Tod. Einige wurden von der Kirche, die sie später heiligsprach, zu Lebzeiten als Ketzer verfolgt. Es gibt ähnliche Listen von evangelischen Theologen und freikirchlichen Predigern, die jenen „prägenden Einfluss" auf die Gemeinde ausübten. Allen gemeinsam ist, dass sie „historisch" sind.

Man gewinnt den Eindruck, die Lehre sei seit Jahrhunderten „fertig", es brauche keine „neuen Lehrer" mehr, die die Lehre entwickeln, sondern nur mehr welche, die die Lehre wiederholen. Universitäten haben die Bewahrung, Vermittlung und Verwaltung der rechten Lehre übernommen. Überall wird von den Kanzeln der Kirche das gleiche, nach vorgefertigten und

„wissenschaftlichen Standards“ aufbereitete „Wort“ gepredigt. Fragen sind keine mehr offen. Sie dennoch zu stellen, zeigt die Beschränktheit des Fragenden an oder wird als Häresie betrachtet.

Was bei dieser heute vorherrschenden, geistlos-mechanisch anmutenden Theologie herauskommt, ist eine entsprechend geistlos und mechanisch wirkende Gemeinde. Funktionale, kontrollierte, normierte und völlig vorhersagbare Veranstaltungen sorgen für Langeweile und Kirchenschlaf. Wer interessiert sich da für die „Lehre“?

In Freikirchen gibt es die „Bibelstunde“, in der über biblische Texte gelehrt und darüber ausgetauscht wird. Aber wer besucht diese Bibelstunden? Meiner Erfahrung nach ist es nur ein Bruchteil der Gemeinde. Und dann ist es wieder der Pastor, die „eierlegende Wollmilchsau“, der die Leitung und Lehrhoheit innehat.

Ich erinnere mich an meine Mitarbeit in einer missionarischen Teestube, mit wöchentlich wechselndem „Programm“. Es ist lange her. Eines Abends war die Jugendgruppe aus einer anderen Gemeinde gekommen, um jenes Programm zu gestalten. Nach ein paar Liedern und dem Bericht von einem aus der Gruppe, wie er Jesus kennengelernt hatte, kam ein junger Mann dran, der mit uns die Bibel aufschlug und einen Text „auslegte“. Schon sein Griff zur Bibel atmete eine Frische und ungewohnte Begeisterung. Er bewegte sich durch das Wort wie ein Tänzer. Aufgrund der einen Stelle machte er mit uns einen wahren Beutezug durch die ganze Bibel! Die Schrift wurde vor uns lebendig und aktuell, mächtig und erstaunlich.

Wir saßen bei dieser Bibelarbeit wie „entrückt“ dabei. Die Zeit schien angehalten zu sein. In technisch gesehen 20 Minuten schien mindestens eine ganze Stunde gesteckt zu haben. Ich war fassungslos. Was war hier geschehen? Heute würde ich sagen, das war ein typischer Lehrer, der unter der Salbung diente und uns machtvoll inspirierte. Es war deutlich, dass er im Wort lebte und das Wort in ihm. Er war bereits in eine beachtliche Verkörperung der Lehre hineingewachsen und fähig, andere mitzunehmen. Er weckte in mir eine *Liebe zum Wort*, die mich bis heute nicht verlassen hat.

Der Hunger nach einer geisterfüllten Theologie (Lehre von Gott), die Licht und Leben vermittelt, alltagstauglich und kraftvoll ist, ist heute riesig groß. Scharen von Menschen wandern ab in die Esoterik, um dort zu finden, was ihnen in der Kirche fehlt. Tatsächlich finden wir dort reihenweise „neue Lehrer“, die ihre „Meetings und Teachings“ einem großen Publikum präsentieren. Sie lehren in einer lockeren und ansprechenden Art und Weise über die Prinzipien des Lebens und eine integrale Spiritualität, dass es einen teilweise nur erstaunen kann. Als Christen sind wir vielleicht dazu geneigt, das alles zu verwerfen, aber sehen nicht, wie Gott seine Lehrer, da die Gemeinde im Allgemeinen die Türen für sie zugschlagen hat, mitten in der Gesellschaft positioniert, wo sie die Freiheit haben, ihre Gabe zu entfalten. Nicht alles, auf das wir das Label „esoterisch“ kleben, ist auch Esoterik. Wir brauchen Unterscheidung.

Immer mehr begnadete Lehrer gründen inzwischen auch christliche „Ministries“ (Dienste), in denen sie die vielfältigen Möglichkeiten des Internets nutzen, um ihre Erkenntnisse zu teilen. Da inzwischen so ungefähr jeder über einen PC verfügt, hat damit auch jeder Zugang zu den besten Lehrern der Welt. Für viele Christen ist es ein wahrer Schock, einen tatsächlichen Lehrer des fünffältigen Dienstes zu sehen und zu hören zu bekommen. Die Abhängigkeit von der Gemeinde als einziger Quelle biblischer Lehre bzw. dem Pastor als dem „Kleriker“, dessen Predigt allein den geistlichen Horizont bestimmt, ist damit vorüber.

Jedes Gemeindeglied kann sich heute durch das Internet zu jedem Thema selbst schlau machen und schon bald seinem Pastor eine Predigt darüber halten, die Niveau hat. Vielleicht mehr als dessen Predigt. Diese Situation macht es den Pastoren sehr schwer. Wie sollen sie mit diesen autodidaktischen, sich selbst entwickelnden „Schafen“ umgehen? Das alte, hierarchische Gemeindemodell mit seiner Totalabhängigkeit von den Priestern und Pastoren hat ausgedient. Die „Generation Internet“ lebt mit einer weltweiten Gemeinde zusammen, die durch das Netz Zugang hat zum kompletten fünffältigen Dienst. Das ist neu.

Ohne Entschuldigung

Angesichts der Fülle an Lehre, zu der wir unter anderem durch das Internet Zugang haben, können wir einen Zustand der Unmündigkeit, der Ignoranz und Unwissenheit nicht mehr rechtfertigen. Zu sagen: „In unserer Gemeinde gab es aber keine Lehre über die Gaben, Dienste und Wirkungen des Geistes“, ist kein hinreichender Grund mehr, darüber nichts zu wissen. Zu JEDEM Thema reicht die Eingabe in eine Suchmaschine und schon tun sich uns die Türen zu diesen Inhalten auf. Das hat es in der Vergangenheit nicht gegeben. Gerade jetzt haben wir die Möglichkeit, die Lücken zu schließen, das Versäumte nachzuholen und unsere Entfaltung in Christus voranzutreiben.

Gerade eben noch fand ich einen kleinen Konferenzmitschnitt einer bekannten christlichen Lehrerin auf Youtube, der innerhalb von zwei Jahren dreieinhalb Millionen Aufrufe hatte. Der Beitrag wurde auch in andere Sprachen übersetzt. Wie groß also die gesamte „Versammlung“ ist, die diese Lehre gesehen und gehört hat, kann man nicht sagen. Und dieses Video ist nur eines von Hunderten dieser Predigerin. Von solchen Reichweiten konnte ein Dienst oder eine Gemeinde früher nur träumen.

Sehr wichtig dabei ist, dass die Leute nicht nur die Worte hören, sondern auch den Überbringer der Worte beobachten können, denn die Salbung ruht auf IHM. Nicht nur sein Mund spricht, sondern sein ganzes Sein. Die non-verbale Kommunikation ist nicht zu unterschätzen. Die Glaubwürdigkeit einer Lehre hängt wesentlich mit dem vertrauenswürdigen und authentischen Auftreten eines Lehrers zusammen. Noch wirkungsvoller ist in diesem Zusammenhang, wenn Videos im

Zuhause der Sprecher aufgenommen werden, in ihrem Wohnzimmer, wo vielleicht die Katze oder ein Familienangehöriger mal kurz durchs Bild läuft. Solche Eindrücke entkräften die Idee, dass diese „Gesalbten“ keine normalen Menschen wären wie du und ich.

Mir ist schon klar, dass viele, die einst nach mehr guter Lehre hungerten, sich nun daran überfressen. Hatte man einst mit einem Mangel an geistlicher Nahrung klarzukommen, muss man jetzt mit dem Überangebot umgehen. Das ist eine Herausforderung, ein Paradigmenwechsel.

Als ich das erste Mal per Videomitschnitten eine evangelistische Versammlung von Reinhard Bonnke[9] in Afrika mit über hunderttausend Teilnehmern ansah, weinte ich, weil es dermaßen anders und kraftvoller war als alles, was ich je bei uns daheim gesehen hatte. Meine kleine Vorstellung von Mission wurde geradezu in die Luft gesprengt. Das musste verkraftet werden. Ich kann nachvollziehen, dass da einige einfach „abschalten“ und solchen gesalbten Evangelisten unterstellen, das alles irgendwie zu fälschen, um Spenden einzutreiben. Aber selbst weltliche Fernsehsender haben mit Bonnke Interviews geführt und vor Ort Aufnahmen gemacht, weil es derart spektakulär war ... wie im Evangelium bei Jesus.

Ich habe auch gesehen, wie Lehrer von der Qualität des fünffältigen Dienstes riesige Stadien füllten mit tausenden von begeisterten Teilnehmern. Die Atmosphäre war zum Knistern gespannt. Bei guten Sätzen applaudierten die Leute. Die Gegenwart Christi war extrem spürbar, sodass JEDER davon berührt und ergriffen wurde – selbst am Bildschirm.

Gesalbte Lehrer können von Gott ein Schlüsselthema erhalten, über das sie ihr Leben lang sprechen. Ich kenne z. B. einen Prediger, der seit vielen Jahren nur über das Thema des

---

[9] https://de.wikipedia.org/wiki/Reinhard_Bonnke, 18.2.22
Die eigenen Angaben von 29 Millionen Bekehrungen (Stand: 2004) bzw. 55 Millionen Bekehrungen (Stand: 2010) bezeichneten ... Personen, die durch das Ausfüllen einer sogenannten Entscheidungskarte signalisierten, dass sie fortan eine christliche Lebensführung praktizieren wollten.

„Vaterherzens Gottes" spricht. Da ich eine Zeit lang zusammen mit ihm gedient habe, wohnte ich einer Menge seiner Vorträge bei, aber niemals wurde es langweilig, immer war es frisch und anregend, inspirierend und eben von einer Tiefe, Weite und Höhe, die nur erreicht wird, wenn jemand in der Lehre lebt – und sie in ihm. Das ganze Leben eines gesalbten Lehrers wird zu einer Illustration und Manifestation seiner Lehre.

Diese Dimensionen und auch Intensität sind in der „alten und gewohnten" Gemeinde zumeist nicht vorhanden, ja, nicht einmal bekannt. Aber nun kommt der fünffältige Dienst zurück und revolutioniert die Christenheit. Das führt unweigerlich zu Konflikten, die zu ertragen sind, bis die Veränderungen greifen und Gemeindeerneuerung wirklich so genannt werden kann.

Kapitel 6

Der *neue* Evangelist

Als sie aber Philippus glaubten,
der die Botschaft über das Reich Gottes
und den Namen von Jesus dem Messias brachte,
ließen sie sich untertauchen, Männer und Frauen.

Apostelgeschichte 8,12 JdM

Da Jesus DER Evangelist ist, der „das Evangelium von dem Reich Gottes" verkündete, ist auch die Gemeinde als sein „Ausführungsorgan" entsprechend evangelistisch. Sie bildet Jesus ab. Er wird durch die Gemeinde für die Welt sichtbar und berührbar.

> Als Evangelisten werden in christlichen Erweckungsbewegungen Personen bezeichnet, die speziell zur Evangelisation berufen sind – sei es, dass sie von einer Kirche oder einem christlichen Werk offiziell als solche angestellt sind, oder sei es, dass sie dies lediglich selbst als ihre besondere Berufung von Gott empfinden. In der Bibel wird ein solches „Berufsbild" erwähnt (Apg 21,8; Eph 4,11; 2 Tim 4,6). In den nachbiblischen Schriften der Urkirche findet sich diese Amtsbezeichnung jedoch nicht mehr. Im Katholizismus und Protestantismus wird anstelle des Titels Evangelist die Bezeichnung Missionar verwendet.

Die Aufgabe eines Evangelisten besteht hauptsächlich darin, nicht- und andersgläubigen Menschen in eingängigen Worten die Grundlagen des christlichen Glaubens zu vermitteln und sie zur Bekehrung einzuladen. Oft ist damit eine ausgedehnte Reisetätigkeit verbunden. Evangelisten reisen von Ort zu Ort, um dort sogenannte Evangelisationen oder evangelistische Aktionen durchzuführen.[1]

Das Reich Gottes

Untrennbar verbunden mit der Verkündigung des Evangeliums vom Reich Gottes sind die Austreibung der unreinen Geister und die Heilung der Kranken. Jesus sandte die 12 Jünger und in gleicher Weise die 70 Jünger mit dem Auftrag aus:

> *Und als er seine zwölf Jünger herangerufen hatte, gab er ihnen Vollmacht über unreine Geister, sie auszutreiben und jede Krankheit und jedes Gebrechen zu heilen ... Wenn ihr aber hingeht, predigt und sprecht: Das Reich der Himmel ist nahegekommen. Heilt Kranke, weckt Tote auf, reinigt Aussätzige, treibt Dämonen aus! Umsonst habt ihr empfangen, umsonst gebt!* (Mt 10,1+7-8).

> *Und in welche Stadt ihr kommt, und sie nehmen euch auf, da esst, was euch vorgesetzt wird, und heilt die Kranken darin und sprecht zu ihnen: Das Reich Gottes ist nahe zu euch gekommen* (Lk 10,9).

Bis hin zum Missionsbefehl am Ende der Evangelien zieht es sich wie ein roter Faden durch, *„denn Jesus ist gegeben alle Macht im Himmel und auf der Erde“* (Mt 28,18). In dieser Macht gehen wir – die Gemeinde – hin, um sie auszuüben. Sie dreht die Ohnmacht der Machtlosen um und stellt sie umfassend wieder her. Der Evangelist des fünffältigen Dienstes steht unter einer evangelistischen bzw. missionarischen Salbung. Er hält nicht nur eine Predigt, die dazu einlädt, sich

---

[1] https://de.wikipedia.org/wiki/Evangelist_Prediger 3.2.22

Jesus zuzuwenden, oder verteilt christliche Traktate; von ihm geht Kraft aus, wie es auch bei Jesus der Fall war:

> *Und die ganze Volksmenge suchte ihn anzurühren, denn Kraft ging von ihm aus und heilte alle* (Lk 6,19).
>
> *Denn das Reich Gottes besteht nicht im Wort, sondern in Kraft* (1 Kor 4,20).

Heute sind die Evangelisation und Missionsarbeit, wenn sie überhaupt betrieben werden, überall verkürzt bzw. reduziert auf eine menschlich machbare Version, deren Ergebnisse allerdings vergleichsweise mager sind. Es fehlt allenthalben die Salbung, es fehlt die Kraft. Auf einmal besteht das Reich Gottes nicht mehr in Kraft, sondern in Worten. Das ist eine Umkehrung von 1. Korinther 4,20 in das exakte Gegenteil und damit eine Pervertierung der ursprünglichen Mission Jesu. In der Apostelgeschichte sehen wir die nahtlose Fortsetzung der mit Heiligem Geist und Kraft gesalbten Evangelisation Jesu:

> *Aber umso mehr wurden solche, die an den Herrn glaubten, hinzugetan, Scharen von Männern und auch Frauen, sodass sie die Kranken auf die Straßen hinaustrugen und auf Betten und Lager legten, damit, wenn Petrus käme, auch nur sein Schatten einen von ihnen überschattete. Es kam aber auch die Menge aus den Städten um Jerusalem zusammen, und sie brachten Kranke und von unreinen Geistern Geplagte, die alle geheilt wurden* (Apg 5,14-16).

Solche Bibelstellen neben das zu legen, wie heute im Allgemeinen evangelisiert wird, ist schmerzlich. Wer einmal eine Evangelisation in der Salbung erlebt hat, wie ich weiter oben von dem deutschen Evangelisten Reinhard Bonnke berichtete, der weiß, wie himmelweit der Unterschied zu einer evangelistischen Veranstaltung auf rein menschlichem Niveau ist.

Gesalbte Evangelisation gestern und heute

Wenn ein gesalbter Evangelist spricht, ist es schwer, sich *nicht* zu bekehren. Die Dinge, die er redet, werden auf einmal lebendig und real. Man kommt damit in Berührung. Das Reich Gottes, der Himmel, sie „geschehen". Die Schleier der Lügenmatrix und die Verblendungen der Welt heben sich für einen Moment und man wird eingetaucht in die höhere und wirklichere Realität Gottes.

Die evangelistische Salbung ist „ansteckend", unter ihrem Einfluss wird die Gemeinde einerseits aus Furcht und Lähmung herausgehoben und andererseits kühn und aktiv. Sie behält ihre Mission vor Augen.

> *Als sie geendet hatten, bebte die Erde an ihrem Versammlungsort. Alle wurden vom Heiligen Geist erfüllt und verkündeten die Botschaft Gottes ohne Furcht* (Apg 4,31).

> *Die über das Land zerstreuten Christen zogen umher und verkündeten die Botschaft Gottes. Unter ihnen war auch Philippus. Er kam nach Samaria, der Hauptstadt von Samarien, und verkündete, dass in Jesus der versprochene Retter gekommen sei. Die Menge schenkte dem, was Philippus sagte, durchweg die größte Aufmerksamkeit; denn alle hörten von den Wundern, die er vollbrachte, und wurden auch selbst Augenzeugen davon. Mit lautem Geschrei fuhren aus vielen Besessenen böse Geister aus, und viele Gelähmte und Verkrüppelte wurden geheilt. In der ganzen Stadt herrschte große Freude. Als sie aber dem Philippus glaubten, der das Evangelium vom Reich Gottes und dem Namen Jesu Christi verkündigte, ließen sie sich taufen, sowohl Männer als auch Frauen* (Apg 8,4-8 GNB).

Ein gesalbter Evangelist mobilisiert eine ganze Stadt! Viele der berühmten Evangelisten der neueren Geschichte füllten riesige Stadien oder Felder. Ihre Wirkung ging weit über den Ort der Versammlung hinaus. Ein sehr bekannter Evangelist von

Weltrang war Billy Graham (1918–2018). „Insgesamt verkündigte Graham auf 417 Großveranstaltungen vor 210 Millionen Menschen in 185 Ländern. Sieben Mal trat er in Deutschland auf, zuletzt 1993 bei der Veranstaltung ProChrist. Im Jahr 1954 trat er unter anderem im 100.000 Menschen fassenden Olympiastadion von Berlin (West) auf."[2]

Von Maria Woodworth Etter[3] (1844–1924) lesen wir, dass in einem Umkreis von 100 Meilen von ihren Zeltevangelisationen die Leute auf die Knie gingen und sich weinend bekehrten. Die Versammlungen hatten zwar einen offiziellen Beginn, aber kein Ende – über Wochen nicht. Die geistliche Dynamik war so groß, die Wunder und Heilungen so zahlreich, die Erfahrungen der Gegenwart Gottes und des Himmels dermaßen intensiv, dass niemand wieder nach Hause gehen wollte – wie an Pfingsten! Das „Tagebuch der Zeichen und Wunder" (A diary of signs and wonders) von Etter ist ein Klassiker von über 500 Seiten voller schier unfassbarer Zeugnisse von Zeltevangelisationen, in denen Himmel und Erde sich berührten.

Eine weitere Evangelistin namens Aimee Semple McPherson (1890–1944) folgte Etter, die „zu ihrer Zeit eine der meistveröffentlichten christlichen Evangelisten war und darin selbst Billy Sunday übertraf. Sie vollzog öffentliche ‚Glaubensheilungen' vor großen Massenversammlungen. Zeitgenossen sprachen von bis zu 10.000 Menschen, die geheilt worden seien."[4]

Kathryn Kuhlman (1907–1976) war schließlich eine dritte, weltberühmte Evangelistin. „Sie reiste zwischen 1940 und 1970 durch die Vereinigten Staaten und in weitere Länder, um sogenannte ‚healing crusades' (= Heilungsfeldzüge) abzuhalten. In den 1960er und 1970ern hatte sie eine wöchentliche Fernsehsendung mit dem Titel ‚I Believe In Miracles', die in den CBS-Studios in Kalifornien ... produziert wurde. 1954 wurde die ‚Kathryn Kuhlmann Foundation' gegründet und

---

[2] https://de.wikipedia.org/wiki/Billy_Graham

[3] https://en.wikipedia.org/wiki/Maria_Woodworth-Etter (englisch)

[4] https://de.wikipedia.org/wiki/Aimee_Semple_McPherson, 9.2.22

1970 deren kanadischer Ableger. Viele Heilungen wurden von unabhängigen Ärzten bestätigt."[5] Auf Youtube sind einige Aufzeichnungen ihrer Veranstaltungen zu finden – mit teilweise millionenfachen Aufrufen.

Einmal sehen wir an diesen Beispielen, dass die evangelistische Salbung auf Frauen und Männer gleicherweise kommt. Zum anderen sind die begleitenden Zeichen und Wunder denen der Evangelien und Apostelgeschichte gleich.

Unter dem Stichwort „Evangelist" hat Wikipedia noch folgendes Interessantes zu berichten:

> Erst im 18. Jahrhundert tauchte diese Amtsbezeichnung (Evangelist) wieder auf. George Whitefield ist wohl der erste, der diese Amtsbezeichnung trug. Am 17. Februar 1739 evangelisierte er vor kirchendistanzierten Arbeitern eines Bristoler Kohlenbergwerks. Von diesem Zeitpunkt an reiste Whitefield unermüdlich durch Großbritannien, Irland und die Vereinigten Staaten. Mit den Erweckungspredigern Jonathan Edwards und John Wesley verband ihn eine enge Freundschaft, welche zu einer Integration der Evangelisation in die Erweckungsbewegung führte. Hatten Letztere in erster Linie die geistliche Neubelebung von Kirchenmitgliedern im Auge gehabt, so kam es nun zu einer weiteren Zielsetzung: Menschen ohne kirchliche Anbindung mit dem Evangelium zu erreichen.
>
> Diese Anfänge unter Whitefield waren der Beginn einer Bewegung, die sich – so Rendtorff – in eigentümlichen Wellen bis in die Gegenwart fortpflanzte. Als in den Vereinigten Staaten während der sogenannten Pionierzeit (1792–1825) die große Westwanderung einsetzte und Hunderttausende in die dort neu erschlossenen Siedlungsgebiete führte, folgten ihnen methodistische und baptistische Evangelisten. Sie waren zumeist Laienprediger. Ihre Wirksamkeit führte ab 1800 zu großen Erweckungen und zu zahlreichen Gemeindegründungen unter den Pionieren.
>
> Zu diesen Laienpredigern, die sich als Evangelisten verstanden, gehörten unter anderem Charles Grandison Finney und Dwight

[5] https://de.wikipedia.org/wiki/Kathryn_Kuhlman

Lyman Moody. Finney war Jurist und Moody gelernter Schuhverkäufer. Beide wurden zu den bedeutendsten Evangelisten des 19. Jahrhunderts. Insbesondere Moody wurde zum großen Vorbild der modernen Evangelisten. In über vierzigjähriger Dienstzeit erreichte er Millionen von Menschen. Durch seine Wirksamkeit, die ihn auch nach England führte, entstanden alsbald Evangelisationsgesellschaften, die zur Wiederentdeckung des urchristlichen Amtes des Evangelisten beitrugen.[6]

Erweckung

Evangelisten vom Format des fünffältigen Dienstes fahren immer zweigleisig. Einerseits ziehen sie Menschenmassen in großen Konferenzen und Evangelisationen zusammen, andererseits lehren sie die Gemeinde, die machtvolle Dimension des Evangeliums bzw. des Reiches Gottes zu begreifen und in ihr Leben zu integrieren.

Evangelisten können eine Erweckung[7] initiieren und haben großen Einfluss auf die Entwicklung ganzer Nationen genommen. Das tun sie auch heute noch, nur dass die öffentlichen Medien in der Regel nicht darüber berichten. Sie verstehen es,

---

[6] https://de.wikipedia.org/wiki/Evangelist_(Prediger)

[7] Als **Erweckungsbewegungen** werden Strömungen im Christentum bezeichnet, die ihre Existenz meist einer Welle der „Erweckung" (zum Begriff unten) verdanken und die inhaltlich die Bekehrung des Einzelnen, das (individuelle und gemeinschaftliche) Glaubenserlebnis sowie die praktische christliche Lebensweise („Leben in Gemeinschaft mit Gott" und „in der Nachfolge Jesu") besonders betonen. Gemeinchristliche oder konfessionelle Dogmen treten hinter ein „ursprüngliches" Verständnis eines direkt aus der Bibel entnommenen Evangeliums zurück. Erweckungsbewegungen gehen davon aus, dass lebendiges Christentum mit der Antwort des Menschen auf den „Ruf des Evangeliums" zu Umkehr und geistlicher Erneuerung beginnt.
Erweckung im Sinne der Erweckungsbewegung meint ein einschneidendes subjektives Erlebnis des plötzlichen Ergriffenseins durch Gott, was zu einer radikalen Kehrtwende im Leben und zur völligen Hingabe an Gott führen kann. Von Erweckung ist insbesondere die Rede, wenn das Phänomen dieses Erlebnisses nicht nur singulär auftritt, sondern eine Gruppe von Personen oder eine ganze Region erfasst wird. Heute werden vergleichbare kollektive Ereignisse meist eher „Geistlicher Aufbruch" genannt. (Wikipedia, 29.10.22)

im Rampenlicht zu stehen. Ihr Ziel ist eine erweckte Gemeinde, die ebenfalls selbstbewusst bzw. Jesus-bewusst großen und heilsamen Einfluss auf die Nationen nehmen kann.

Die von der Gegenwart Gottes inspirierten und elektrisierten Menschen gehen von den Veranstaltungen der Evangelisten nach Hause und bringen etwas von der Salbung mit, die von dem Evangelisten ausging. Da ist ein „Überschuss" an Kraft, auch Heilungskraft, der sich weiterträgt in die Familien hinein. Heute erleben Menschen, dass selbst das Ansehen einer Videoaufzeichnung einer gesalbten Evangelisation über den Bildschirm eine mächtige Wirkung auf sie entfalten kann.

Das geistliche „Feuer", welches ein Evangelist zu entfachen vermag, kann die ganze Gemeinde „in Brand" stecken und jegliche Müdigkeit, Routine und Langeweile in ihr Gegenteil verwandeln. Evangelisten beenden den geistlichen Schlaf, rütteln wach und bringen auf die Beine. Sie lösen eine Bewegung aus.

Sollten auch alle anderen Dienstgaben vorhanden sein, würde die Gemeinde ohne den Evangelisten dennoch ihre Mission aus den Augen verlieren und sich mit der Zeit voraussichtlich nur noch um sich selbst drehen.

Evangelisten sind getrieben davon, die Botschaft des Evangeliums zu verbreiten, sie nutzen heute jedes Kommunikationsmittel für eine ununterbrochene, weltweite Ausstrahlung in jeder Sprache, jeder Form und Möglichkeit. Sie gehen menschlich gesehen über jede Grenze und legen eine Kraft, Leidenschaft und ein Durchhaltevermögen an den Tag, was nur als übernatürlich bezeichnet werden kann.

In meiner Jugend hatte ich Gelegenheit bei einem kleinen Missionswerk, nicht weit von uns, ein oder zwei Wochen lang mitzuarbeiten. Ich wohnte dort und wurde voll in die alltägliche Arbeit des Evangelisten einbezogen, der eindeutig eine evangelistische Salbung hatte. ALLES im Leben dieses Mannes, seiner Familie und seines Teams diente der Evangelisation. Es ging Tag und Nacht um nichts anderes, als die Verbreitung des Evangeliums auf jede nur erdenkliche Weise. Typisch war eine Stimmung der Dringlichkeit, denn „Jesus würde bald wiederkommen“ und die „Gnadenzeit“ ablaufen. Ich kann sagen, diese Leute kauften tatsächlich die gegebene Zeit aus[8]. Auch nur einen Moment im Eifer für „die Sache Christi“ nachzulassen, war undenkbar.

In den großen und „alten“ Kirchen finden wir indes keine modernen Evangelisten. Sollte einer auftauchen, wird er als Extremist und Fundamentalist aussortiert. Echte Evangelisten können nicht stillsitzen, verbreiten Unruhe, können den „lauen“ Zustand der Gemeinde nicht ertragen. Sie sind auch nicht wie der Hirte und der Lehrer in einer Gemeinde zu halten, man muss sie „senden“, damit sie – unterstützt von der Gemeinde – hin und her reisen können. Ihre mobilisierende Kraft hält die Gemeinde davon ab, sich niederzulassen, einzuschlafen und nicht wieder hochzukommen. Heute kann man überall in der Welt als „Freiwilliger“ in Evangelisationen mitarbeiten. Es gibt viel zu tun! Einem gesalbten Evangelisten zu begegnen, wird unvergesslich sein und einen nachhaltigen Eindruck hinterlassen.

Gabenprojektion

Evangelisten können ihre Gabe jedoch verabsolutieren und einseitig auf die Gemeinde projizieren, die ihrer Meinung nach zu nichts anderem als zum Evangelisieren da ist. Aber Jesus ist mehr als ein Evangelist, und die Gemeinde ist gerufen, Christus und nicht einen einzelnen Dienst abzubilden.

Da gesalbte Evangelisten eine sehr machtvolle Wirkung haben, können sie auch überaus manipulativ sein, was ihnen nicht immer hinreichend bewusst ist. Sie können Druck ausüben und Gläubige, die noch nicht bereit sind, geradezu „nötigen“ sich selbst und alles, was sie haben – auch finanziell –, in die Evangelisation bzw. Mission zu investieren. Das kann übel enden. Hier müssen die Hirten aufpassen und für Ausgewogenheit sorgen.

---

[8] Siehe 2Tim 4,2; Eph 5,16; Kol 4,5.

Es wäre meines Erachtens sehr hilfreich, wenn Pastoren einmal für eine Zeit mit einem Evangelisten reisen würden. Ihr Horizont würde gedehnt und ihre Vorstellung vom Reich Gottes revolutioniert werden. Auch würden sie erleben, welche Strapazen solch ein unermüdlicher Reisedienst mit sich bringt. Andersherum täte es manchen Evangelisten gut, einmal das „Klein-Klein“ des pastoralen Alltags zu erleben, um sich nicht über die Kollegen zu erheben.

Niemand wird bestreiten, dass wir in Europa in einer nachchristlichen Zeit leben, in der die Kirchen zunehmend an Bedeutung und Mitgliedern verlieren. Dass sich manche dennoch weiter „Volkskirchen“ nennen, ist verlogen. Längst führen sie nichts weiter als ein religiöses Nischendasein. Nähme man ihnen die staatlichen Gelder weg, wie sähe es dann mit den Staatskirchen aus?

Gott sendet seine gesalbten Evangelisten in all die Szenen und Gruppierungen hinein, die längst keinen homogenen Staat mehr bilden, sondern ihr Eigenleben führen. Was da an subkulturellen Formen von Christlichkeit und Gemeinde entsteht, geht völlig an der traditionellen Kirche vorbei. Sie unterhält extra Büros für Sektenbeauftragte, die das alles im Blick behalten und weltanschaulich einordnen sollen. Dabei halten sie natürlich nur für legitim und korrekt, was so ist wie sie selbst. Aber wer will noch so sein?

Der Evangelist vom Schlag des fünffältigen Dienstes ist nicht an den Regularien und der Tradition einer Gemeinde interessiert, ihm geht es um ihre Mobilisation, darum, dass sie ihre Welt mit dem Evangelium erreicht, wozu sie sich auf die Menschen einlassen muss, anstatt sie zu meiden. Typischerweise hieß ein Missionswerk, mit dem ich als Jugendlicher evangelistische Einsätze überall im Land durchführte, „Operation Mobilisation“[9]. Dieses Werk betrieb auch zwei Schiffe, die als „schwimmende Missionsstationen, Büchermarkt,

---

[9] Infos zu dieser Missionsgesellschaft:
https://de.wikipedia.org/wiki/Operation_Mobilisation

Konferenz-, Kultur- und Hilfszentren" Häfen in aller Welt ansteuerten.[10] Der Evangelist hat keine Berührungsängste mit dem „Schmutz" der Welt, ihrem Elend, ihrer Sünde und Dunkelheit. Gerade dorthinein bringt er die Reinheit, die Kraft und das Licht des Evangeliums. Dabei kann er sehr kühn sein und große Kreativität an den Tag legen.

---

[10] Jährlich werden über eine Million Besucher auf den OM-Schiffen gezählt. Zwischen 1970 und 2015 haben über 44 Millionen Menschen die OM-Schiffe in über 1.400 Hafenstädten in 150 Ländern besucht (Quelle Wikipedia, s.o.).

Kapitel 7

Der *neue* Prophet

Als Gemeinde von Jesus Christus steht ihr auf dem Fundament der Apostel und Propheten. Doch der Grundstein, der dieses Gebäude trägt und zusammenhält, ist Jesus Christus selbst.

Epheser 2,20 HFA

Unschwer erkennen wir in Jesus DEN Propheten. Er offenbarte Gott in den Evangelien in ungekannter Weise, weil er SOHN ist und in völliger Übereinstimmung mit Gott als seinem VATER spricht und handelt. Daran hat sich nichts geändert. Jesus (er)klärte die Gegenwart anhand der Vergangenheit *und* der Zukunft, unter Einbeziehung des Himmels *und* der Welt. Er blickte den Menschen mitten ins Herz und deckte ihre innersten Motive auf. Bei alledem wurde stets klar, dass sowohl die Schriftgelehrten und Oberen als auch das von ihnen verwaltete Volk keine Ahnung hatten, egal worüber, und in voller Verwirrung, Verirrung und Verwaisung lebten. Ihre Ideen über Gott, den Nächsten und sich selbst lagen jenseits der Wirklichkeit. Sie lebten in einer Lüge und die Lüge in ihnen. Jesus war ihnen entsprechend unerträglich.

Heute geschieht die Offenbarung der Lüge sowie der Wahrheit durch den Heiligen Geist, der sie von Jesus holt und uns damit *„in die ganze Wahrheit führt“* (Joh 16,13-15). Die

„ganze Wahrheit“ ist dabei nicht eine Ideologie, eine religiöse Lehre oder Meinung, sondern die Wirklichkeit. Darum ist Jesus auch nicht der Begründer einer Religion, sondern das Ende aller Religionen und sonstigen Ideologien. Einmal in der Wahrheit alias der Wirklichkeit angekommen, braucht man sie nicht mehr. DAS ist die ungeheure geistliche Revolution, um die es geht. Um mit ihr klarzukommen, braucht es den fünffältigen Dienst, den Jesus in der Gemeinde „installiert“ hat, damit sie selbst nicht vom Weg abkommt und der Welt den Weg weisen kann.

In der Wahrheit leben

Die Propheten, welche Gott zu allen Zeiten gesandt hat, legen ihren Finger stets auf die Abweichung von der Wahrheit. Sie erinnern an alles, was Gott getan und geredet hat, sie werfen sein Licht auf die Geschichte der Vergangenheit, Gegenwart und Zukunft. Sie zeigen auf, was passiert ist, als von der Wahrheit abgewichen wurde, was aus genau demselben Grund aktuell los ist und was morgen geschehen wird, wenn von der Abweichung nicht abgewichen bzw. umgekehrt wird. Die Wahrheit ist dabei der unverrückbare Fixpunkt. Sie war und ist und bleibt immer dieselbe. Sie ist, was ist.

Wir können in der Wahrheit nur leben, wenn die Wahrheit in uns lebt. Christus IST *„der Weg, die WAHRHEIT und das Leben“* (Joh 14,6). Er in uns und wir in ihm – das ist der Neue Bund und das macht uns zum „Leib Christi“, der die Wahrheit verkörpert, ihre Wege geht und so das volle Leben erreicht, weil er immer mehr damit übereinstimmt.

Jesus trägt die prophetische Salbung und nimmt seine Gemeinde hinein in diese Dimension und beteiligt sie an dem großen prophetischen Werk, wie es in Apostelgeschichte 2,17-18 (DBU) beschrieben ist:

> *Es wird in den letzten Tagen geschehen, so spricht Gott der Herr: Ich will etwas von meinem Geist auf alle Menschen*

> *ausgießen. Eure Söhne und eure Töchter werden prophetisch sprechen und eure jungen Männer werden Gottesgesichte sehen. Auch die Älteren unter euch werden prophetische Träume haben. Und auch auf sie, meine Diener und Dienerinnen, werde ich in jenen Tagen meinen Geist ausgießen, sodass sie prophetisch reden werden.*

Der Heilige Geist alias die Salbung ist ein prophetischer Geist, der in Christus zu JEDEM Menschen kommt, um ihn in die „ganze Wahrheit" zu führen. Wie gesagt, ist die „Wahrheit", um die es hier geht, keine Religion, sondern die Wirklichkeit. Es gibt prophetische Rede dementsprechend auf vielen Ebenen. Grundsätzlich gilt, dass Gottes Worte über ALLE Dinge ausgesprochen werden wollen und sollen, damit sie geheiligt und geheilt werden. Jeder von uns ist der Vertreter einer ganz persönlichen Welt, die gottlos und verlogen ist und nun göttlich und wahr werden soll, weil wir in Jesu Namen, als „Botschafter Christi" (2 Kor 5,20) dort präsent sind.

Der Heilige Geist bzw. die Salbung offenbart uns den Willen Gottes in *allen* Angelegenheiten, wie etwa bezüglich unserer Familien, Häuser, Beziehungen und Alltagssorgen. Der Wille Gottes besteht unter anderem darin, dass wir in seinem Licht alle Dinge und Situationen erkennen können, wie sie wirklich sind, um sie richtig einzuschätzen, angemessen über sie zu denken, zu sprechen und damit umzugehen. Der „normale" Alltag, wie wir ihn kennen, löst sich dadurch auf und ein heiliger Alltag beginnt. Er ist so anders wie ein Tag auf der Erde anders ist als einer auf dem Mond.

Unsere Tage sollen den Himmel auf Erden verwirklichen. Denn die Welt ist geschaffen, um ein Spiegel des Himmels zu sein, und nicht, um ihr eigenes Ding zu drehen. Was das alles bedeutet und wie diese Erleuchtung funktioniert, davon haben wir keine Ahnung. Die Propheten lehren es uns.

Propheten haben eine Gabe, hinter die Kulissen zu blicken. Man nennt sie auch „Seher". Sie erkennen deutlich das Sein hinter dem Schein, die verborgenen Wurzeln und Motive, das

Unsichtbare hinter dem Sichtbaren. Das kann sehr tief und weit gehen und Propheten „auf der Schwelle“ zwischen Himmel und Erde, Licht und Finsternis stehen lassen. Natürlich steht die ganze Gemeinde dort mit ihnen, nur dass sie das leicht vergisst und eben darum die Propheten braucht, die sie daran erinnern, wer sie wirklich ist (Identität), wie sie im Geist wandelt und ihre individuelle Berufung erfüllt.

Neben allgemeinen Berufungen hat jeder Gläubige und jede Gemeinde auch individuelle Berufungen. Das hat mit vielen Faktoren zu tun, z. B. in welcher Zeit, an welchem Ort und in welchem Land sie sich befinden. Propheten decken die Zusammenhänge auf und können sowohl einzelne Personen als auch ganze Gemeinden in großes Erstaunen darüber versetzen, wer sie wirklich sind und für welche Aufgaben sie hier und heute bestimmt sind. Die Propheten „öffnen die Augen“ und weiten den Horizont. Das Bewusstsein darüber, worum es alles geht, wird geweckt und gedehnt.

Die Verdunkelung der Gemeinde

Warum einige Kirchen meinen, es gäbe und brauche keine Propheten mehr, ist fragwürdig. Es ist, als nehme man dem Leib Christi die Augen weg. Unter diesen Umständen wird die Gemeinde in ihrer Aufgabe, den Himmel zu spiegeln, versagen. Jesus klagte die Pharisäer darüber an, dass sie „blinde Leiter von Blinden“ seien:

> *Lasst sie! Sie sind blinde Leiter der Blinden. Wenn aber ein Blinder einen Blinden leitet, so werden beide in eine Grube fallen* (Mt 15,14).

Wie viele Gläubige und Gemeinden durch die Geschichte hin schon gestrauchelt, in Gruben gefallen und nicht wieder herausgekommen sind und wie tragisch das ist, kann mit Worten nicht auszudrückt werden. Es lässt mich an das Kinderlied „Häschen in der Grube“ denken, das man auf die Gemeinde anwenden kann:

> Gemeinde in der Grube
> saß und schlief, saß und schlief.
> Arme Gemeinde, bist du krank,
> dass du nicht mehr hüpfen kannst?

Über wie viele Verkehrtheiten „blind" gestolpert wurde und welche Irrtümer und Sackgassen nicht erkannt wurden, ist unsäglich. Insgesamt schien die Kirche über Jahrhunderte hin eher verdunkelt als erleuchtet zu sein. Sie führte ihre Mitglieder und auch andere Menschen, ja ganze Völker in Knechtschaft, anstatt in die Freiheit. Sie schien extrem verweltlicht, anstatt verhimmelt zu sein. Das zeigt einen eklatanten Mangel an Propheten, obwohl es sie immer gegeben hat. Da die Kirche lieber ihre Blindheit behalten wollte, hat sie die „Seher" stets verfolgt, genau wie die Synagoge es im Alten Testament getan hat. Niemand hat ein Interesse an der Wahrheit. Im Dunkeln laufen die korrupten Geschäfte besser als im Licht! Daran hat sich nichts geändert.

> *Wehe euch (Pharisäern)! Ihr baut wunderschöne Grabmäler für die Propheten, die von euren Vorfahren umgebracht worden sind. Damit bezeugt ihr öffentlich, dass ihr mit den Taten eurer Vorfahren einverstanden seid: Sie haben die Propheten umgebracht und ihr baut die Grabmäler. Deshalb hat die Weisheit Gottes ja auch über euch gesagt: Ich werde ihnen Propheten und Apostel senden; sie aber werden einige von ihnen töten und die anderen verfolgen* (Lk 11,47-49).

Gewöhnt an die Dunkelheit, ist der Schritt ins Licht nicht einfach. Im Dunkeln kann man sich und anderen eine Menge vormachen, nicht so im Licht. Da werden „des Kaisers neue Kleider" allen sichtbar. Dabei sind es die Propheten, die als erste darauf hinweisen, dass der Kaiser nackt ist, und damit riskieren, verfolgt zu werden. Wahrheit braucht Mut, oder, wie ein Sprichwort sagt, „ein schnelles Pferd".

Stellen wir uns vor, Gottes Geist führt eine blinde oder aber eine sehende Gemeinde. Mit der blinden geht es nur sehr langsam voran, sie ist stets unsicher und orientierungslos. Nicht so die sehende. Sie kann aus der Grube „hüpfen“ und im Nu weiter laufen, als es ein Blinder sich auch nur erträumen kann.

> *Auch ihr gehörtet einst zur Finsternis, ja, ihr wart selbst Finsternis, aber jetzt seid ihr Licht, weil ihr mit dem Herrn verbunden seid. Lebt nun auch als Menschen des Lichts!* (Eph 5,8 GNB).

Wir *sind* Licht, weil wir mit dem Herrn verbunden *sind*. Das ist mehr, als eine Predigt über das Licht zu hören, die wie ein schönes Märchen klingt, während man „in der Grube“ sitzt und keine Kraft hat, rauszukommen. Dieser gelähmte und verdunkelte Zustand bekümmert die Propheten wie nichts anderes. Sie weinen viel und stehen mit zerbrochenem Herzen vor Gott und der Gemeinde, wenn sie es lässt. Dabei sind die „wahren“ Propheten daran zu erkennen, dass sie zwar einerseits das Übel aufdecken und beim Namen nennen, aber auf der anderen Seite auch die Gnade aufzeigen, die Gott für den desolaten Zustand bereithat. Wenn Propheten nur das Gericht predigen, sind sie fragwürdig. Wenn sie andererseits nur die Gnade verkündigen, ebenfalls.

Propheten helfen der Gemeinde zu sehen. Sie verteilen die „Augensalbe“, von der in Offenbarung 3,18 die Rede ist. Sie lehren die Geheimnisse des Lichts und der Erleuchtung sowie den Umgang mit den unsichtbaren Dimensionen. Dazu gehört auch der Unterricht in Dämonologie und Angelologie. Was für eine geistliche Revolution für eine Gemeinde, mit den Engeln kooperieren zu können, weil man sie erkennen kann und die Dämonen vor die Tür zu setzen, weil man auch sie unterscheiden kann.

Die prophetische Rede

Es gibt ein prophetisches Auge, aber auch eine prophetische Zunge. Die Folge der Ausgießung des Geistes, das Leben in der Salbung, lässt uns *prophetisch reden*. ALLE können und sollen prophezeien (s. 1 Kor 14,31), also inspiriert vom Heiligen Geist sprechen – und zwar über alle Dinge. Denn die bisherige Sprache ist verdorben, wir brauchen eine neue:

> *Kein einziges faules Wort soll aus eurem Mund herauskommen, sondern, wenn etwas gut ist und andere stärken und aufbauen kann, je nachdem, was gerade angemessen und gut ist, das soll er sagen, damit es denen, die zuhören, etwas von Gottes freundlicher Zuwendung weitergibt. Bereitet dem Heiligen Geist Gottes keinen Grund zur Trauer! Denn durch ihn, den Gottesgeist, seid ihr ja mit dem Siegel versehen, dass ihr zu Gott gehört. Und dieses Siegel bleibt auf euch bis zu dem Tag, wo Gottes Erlösung sich ganz entfalten wird. Weit entfernt von euch soll jede Art von Bitterkeit sein, genauso auch Wut, Zorn, Geschrei und zerstörerisches Gerede und jede Art von Bosheit!* (Eph 4,29-31 DBU).

Weniges hat eine so zerstörerische Wirkung auf die Gemeinde und auch sonst auf alle Beziehungen, wie negatives Gerede – gerne hinter dem Rücken. Worte transportieren Geist. Sie können den Himmel oder die Hölle bringen, Segen oder Fluch. Die Gemeinde in der Salbung Christi ist in der Lage zu segnen – immer und überall.

> *Die Liebe soll ohne Schauspielerei sein. Verabscheut jede Art von Schlechtigkeit und hängt euch mit aller Kraft an das, was gut ist. Seid ganz herzlich und teilnahmsvoll in der Liebe zu den anderen Christen. Begegnet einander zuvorkommend und mit Respekt! Seid nicht nachlässig in eurem Einsatz! Lasst euch in Bewegung setzen* ***durch das Feuer des Gottesgeistes****! So dient ihr Jesus, dem Herrn.*
> *Lasst euch durch die Hoffnung zur Freude motivieren, und wenn ihr in Bedrängnis geratet, dann haltet aus! Lasst euren Alltag vom Gebet geprägt sein! Nehmt Anteil an den Notlagen anderer Menschen, die auch zu Gott gehören, und bemüht euch immer wieder darum, gastfreundlich zu sein.* ***Segnet*** *die, die euch verfolgen! Ja,* ***segnet****, und verflucht sie nicht!*

> *Freut euch zusammen mit denen, die Freude erleben, und weint mit denen, die trauern. Richtet euer Denken miteinander auf dasselbe Ziel aus. Versucht dabei nicht, ganz großartige Dinge zu erreichen, sondern seid bereit, auch ganz einfache, niedrige Aufgaben zu übernehmen. Verlasst euch nicht auf eure eigene angebliche Klugheit! Zahlt niemandem Böses mit ebensolcher Bosheit zurück! Überlegt schon im Vorhinein, was in den Augen aller Menschen als gut und schön angesehen wird! Wenn es möglich ist und soweit ihr es selbst beeinflussen könnt, lebt im Frieden mit allen Menschen* (Röm 12,10-18 DBU).

Diese Verse zeigen einen *Lebensstil des Segens*. Es ist ein Verhaltenskodex des Geistesmenschen, der durch das „Feuer des Gottesgeistes" sowohl die Inspiration als auch die Energie erhält, diese Qualität zu leben. Es ist „Gnade in Aktion".

Ein solches Niveau zu erreichen und zu halten, ist übermenschlich und nur möglich in der Salbung. Darauf verweist der Vers 11 über das „Feuer des Geistes". Andere übersetzen: „Seid brennend im Geist". Nur wenn wir selbst in diesem Feuer leben, können wir in einer so überfließenden Art und Weise segensreich sein, wie dieser Abschnitt es beschreibt. Darum sagte Jesus, dass er uns mit Heiligem Geist *und Feuer* taufen wird (s. Lk 3,16). Anständiges Benehmen, Liebe und Segen brauchen Kraft!

Die Propheten sind sehr interessiert an dem Feuer in der Gemeinde. Ist es da oder fehlt es? Glimmt noch etwas Glut unter der Asche oder brennt es lichterloh? Sie lehren die Gemeinde über den Umgang mit dem Feuer und seinen Erhalt. Eine brennende Gemeinde ist sehr attraktiv. Kraft ist anziehend. Ein hohes Niveau an göttlicher Menschlichkeit ist ein Magnet für die Leute. Da haben es die Evangelisten dann leicht!

Die Verlorenen hingegen in eine Gemeinde ohne Saft und Kraft, ohne Feuer und Leidenschaft zu rufen, das fällt wirklich schwer. Die meisten, die nach einer Evangelisation hinterher in eine kraftlose Gemeinde kommen, sind nach einiger Zeit wieder weg und alles bleibt, wie es war. Eine Veränderung und

Wachstum bleiben aus, weil es viel zu anstrengend ist und mehr Kraft braucht, als vorhanden ist.

> Darum (weil die akademische Theologie oft kein Verständnis für den Heiligen Geist hat) ist der Heilige Geist immer mehr oder weniger das Stiefkind der Theologie gewesen und die Dynamik des Geistes ein Schreckgespenst für die Theologen. Umgekehrt ist die Theologie sehr oft durch ihren bewussten Intellektualismus ein wichtiges Hindernis, ein Verschluss für den Heiligen Geist, wenigstens für die Fülle seiner dynamischen Entfaltung.[1]

Genauso wenig, wie die „akademische Theologie" mit dem Heiligen Geist anfangen kann, kann sie auch mit Propheten anfangen. Sie behauptet einfach, es gäbe sie nicht mehr oder nur in einer „abgespeckten" Version. Nachdem sie also „entmythologisiert" und „historisch-kritisch" demontiert worden sind, frönt die Kirche ihrer Blindheit – auf „hohem, wissenschaftlichen Niveau", wie sie gerne für sich in Anspruch nimmt. Indes ist der Hunger nach dem Prophetischen hinter der „versachlichten" Kirche ungeheuer angewachsen. Wie schon erwähnt, treibt es viele Menschen aus den Gemeinden heraus und in die Esoterik hinein. Wie schade!

Im Zuge der charismatischen Erneuerung ist jedoch eine wahre Renaissance des prophetischen Lebensstils im Gange. Überall schießen „Prophetenschulen" aus dem Boden. Einige ihrer typischen Themen lauten: „Wie im Himmel, so auf Erden", „Leben im Geist", „Zugang zu himmlischen Realitäten", „Interaktion mit der himmlischen Welt", „Reformation und Transformation", „Mein (menschlicher) Geist und Gottes Geist", „Den neuen Bund verstehen", „Räume der Herrlichkeit" usw.[2]

---

[1] E. Brunner, „Das Missverständnis der Kirche", zitiert bei R. Ulonska, „Er hat gesetzt", Leuchter-Verlag Erzhausen, S. 136)

[2] https://propheticpassion.online/kursuebersicht. Ähnliches finden wir in anderen Prophetenschulen.

Der ganze Bereich des Übernatürlichen wird geöffnet, und da gibt es wahrlich vieles zu entdecken! Unter der Augenöffnung der Propheten wird die Bibel ganz neu und anders verstanden. Ein geistliches Leben von ungeahntem Potenzial wird möglich. Das ist spannend, Langeweile und Routine verschwinden. Ein neues „Normal" etabliert sich, genau wie es sich für einen Blinden ermöglicht, der sein Augenlicht wieder erhält.

Das Ziel des prophetischen Dienstes ist neben einigem anderen *die prophetische Gemeinde*. Jesus ist das Licht der Welt (s. Joh 8,12), darum ist die prophetische Gemeinde es auch: Christi Lampe, die an finsteren Orten scheint (s. Mt 5,14-16).

Durchblick

Jesus durchschaute stets die Absichten seiner Hörer. Er brachte alles auf den Punkt. Er deckte unentwegt die Wahrheit auf. Oft genug war das skandalös. Er offenbarte in kleinen und großen Dingen, sowohl in profanen Alltagsangelegenheiten als auch in politischen, globalen, ja kosmischen Belangen die Sicht und das Handeln, den Willen und die Hand Gottes.

Da die Diskrepanz zwischen der Wirklichkeit, wie der Geist Christi sie aufdeckt, und der irdischen Lügenmatrix, die sie zudeckt, so groß ist, leiden die Propheten noch mehr als die anderen Gesalbten des fünffältigen Dienstes. Unermüdlich trainieren sie die Gemeinde in Wahrhaftigkeit und in dem Leben im Licht, was einen Lebensstil der Buße nach sich zieht, denn unentwegt korrigieren wir uns im Licht der Offenbarung und lernen, ein heiliges Leben zu führen. Dabei sind nicht wir selbst es, die sich heilig machen, sondern die Gnade und Heiligkeit Gottes ist es, mit der wir in *direkten Kontakt* gebracht werden.

> *Doch dann, wenn sich jemand zu Jesus, dem Herrn, hinwendet, wird diese Decke weggenommen. Der Herr, das ist der Gottesgeist. Wo er, der Geist des Herrn ist, da ist Freiheit. Und wir alle, auf deren Gesicht keine Decke liegt, wir spiegeln den strahlenden Lichtglanz des Herrn wider, und wir*

> *werden dadurch umgestaltet, sodass sein Bild uns immer stärker prägt. Ja, wir werden von einem herrlichen Glanz hin zu einem noch herrlicheren Lichtglanz umgestaltet. Das alles kommt von ihm, dem Herrn, dem Gottesgeist* (2 Kor 3,16-18 DBU)

Ein Kernanliegen der Propheten ist diese Aufdeckung, das Zerreißen der Schleier, die uns Gott und die Wahrheit nicht sehen lassen. Wie unter einer Decke entwickeln wir unsere *eigenen Vorstellungen* von Gott und der Wahrheit, was das Wesen der Religion ist.

Propheten können sehr drastisch darin werden, die Decke zu zerreißen. Sie können mit glühendem Eifer die „Schein"-Heiligkeit angreifen und niederreißen. Das lässt an die Aufgabenbeschreibung Jeremias zum Propheten denken:

> *Und der HERR streckte seine Hand aus und rührte meinen Mund an, und der HERR sprach zu mir: Siehe, ich lege meine Worte in deinen Mund.*
> *Siehe, ich habe dich an diesem Tag über die Nationen und über die Königreiche bestellt, um auszureißen und niederzureißen, zugrunde zu richten und abzubrechen, um zu bauen und zu pflanzen* (Jer 1,9-10).

Es gibt verschiedene Ebenen des prophetischen Dienstes. Ob es eine Familie, ein Hauskreis, eine Versammlung oder darüber hinaus die Gemeinde einer Nation oder die Nation selbst ist. Propheten vom Kaliber des fünffältigen Dienstes sind bewährt und charakterlich gefestigt bis zur Selbstlosigkeit. Sie definieren sich nicht über ihre Gabe, was gerade bei den Propheten besonders schwer ist, da sie einen gewaltigen Einfluss ausüben können: *zugrunderichten und aufbauen*. Damit darf nicht leichtfertig oder überlegen umgegangen werden! Propheten, die nur den Finger auf die Wunden und Verkehrtheiten legen, sind noch unreif und einseitig. Erst wenn sie inmitten des Verfalls und der Sünde die Gnade und Herrlichkeit proklamieren, im Untergang den Aufgang sehen und vermitteln können, sind sie okay.

Niemand vom fünffältigen Dienst wird mehr angegriffen als die Propheten, denn „die Menschen lieben die Finsternis mehr als das Licht" (Joh 3,19-21). Das ist bei den Mitgliedern der Gemeinde leider häufig auch so. Eine oder zwei Stunden lang am Sonntag „heile Welt" spielen und andächtig etwas in der Art von „Großer Gott, wir loben dich" singen, das bekommt das EGO hin und kann sein eigenmächtiges Leben hinter dem frommen Gesicht weiterführen. Denken wir nur an die Wehrufe Jesu ausgerechnet über die Schriftgelehrten, die alles wussten, aber hinter der Fassade ein ganz anderes Leben führten als vorne herum. Ständig prangerte Jesus ihre Heuchelei an. Darum töteten sie ihn. Er musst zum Schweigen gebracht werden – *wie alle Propheten.*

> *Dann aber wurden sie widerspenstig und rebellierten gegen dich; sie kehrten deinem Gesetz den Rücken. Sie brachten deine Propheten um, die ihnen ihre Schuld vorhielten und sie mahnten, zu dir zurückzukehren. So kränkten sie dich immer von Neuem* (Neh 9,26 GNB).
>
> *Gibt es einen einzigen unter den Propheten, den eure Vorfahren nicht verfolgt haben? Sie haben diejenigen getötet, die schon vorher das Kommen dessen angekündigt haben, der durch und durch gerecht ist* (Apg 7,52 DBU).

Die Präsenz Jesu deckte die Präsenz der Dämonen auf – mitten in der Versammlung. Seine Reinheit provozierte die Unreinheit, seine Freiheit die unsichtbaren Fesseln der Anwesenden. Sein Licht brachte die Dunkelheit zum Vorschein, seine Liebe die chronische Unmenschlichkeit, an die alle als „normal" gewöhnt sind. Und so geht es den Propheten. Sie wollen gleichzeitig weinen und draufhauen, mit Liebe zu Gott ziehen und mit der Peitsche dreinschlagen wie einst Jesus im Tempel, der von einem Haus des Gebets zu einem Geschäftsbetrieb gemacht worden war.

Der bekannte Bibellehrer J. N. Darby hat bereits vor mehr als 100 Jahren geschrieben:

> Wir haben Lehrer, die uns durch die Gnade Gottes manche lange verlorene Wahrheit zurückgegeben haben. Aber der Dienst für gestern ist nicht der Dienst für heute. Gestern war Unwissenheit die vorherrschende Sünde, und deswegen waren Lehrer nötig. Heute haben wir es oft mit der Stumpfheit des Gewissens zu tun – dafür ist die Stimme eines Propheten notwendig ... Eine Wahrheit zu ergreifen und von der Wahrheit ergriffen zu sein, sind zwei ganz verschiedene Dinge. Sollten wir nicht zu Gott schreien um wahre Propheten, Männer von gottseligem Wandel, die begabt sind, ernst, eindringlich und ohne Rücksicht auf den eigenen Ruf zu sprechen? ... Niemand sage, dass die Liebe die Ausübung einer solchen Gabe verbiete. Die Liebe ruft danach.[3]

Aufgepasst!

Gemeinden, die von Propheten geleitet werden, können dermaßen abgehoben sein, dass es nur noch abartig ist. Die Gemeinde kann niemals auch nur eine Sekunde zur Ruhe kommen und brennt aus, während die Propheten sie weiter vorantreiben. Sie sehen so vieles, was noch getan, geändert und erlangt werden muss! Sie bringen in einem besonderen Maß Vergangenheit, Gegenwart und Zukunft zusammen. Diese Komprimierung kann aber nur kurzfristig ausgehalten werden. Das große Bild zu sehen, den geistlichen Panoramablick zu erhalten, eine Erleuchtung zu erfahren, das halten die meisten Menschen nur für einen Moment lang aus. Wieder sind es die Pastoren, welche die großen Prophetien herunterbrechen müssen auf den nächsten Schritt, der auf dem Weg zu ihrer Realisierung zu gehen ist.

Propheten müssen sich wie kein anderer Dienst in Geduld üben, um der in ihren Augen unendlich langsamen und begriffsstutzigen Gemeinde zu ermöglichen, mitzukommen. Sind sie im Reisedienst, bringen sie den Gemeinden immer wieder

---

[3] J. N. Darby: Der prophetische Dienst, in: Ermunterung und Ermahnung 1957, zitiert in https://www.bibelkommentare.de/kommentare/k-6810/der-dienst-der-propheten-und-das-prophetische-wort/prophetischer-dienst-heute

dieselben Lehren und Perspektiven, aber diese bewegen sich oft nur im Schneckentempo vorwärts, was die Propheten ganz krank macht. Einige geben sogar auf und können die Gemeinde nicht mehr ertragen. Sie ziehen sich zurück und tauchen manchmal erst nach Jahren wieder auf.

Zu den Propheten empfing ich von Jesus vor Jahren im Gebet dieses Wort:

> Meine Propheten stehen immer außerhalb des Systems. Sie gehören zur Gemeinde immer mit einem Abstand. Sie sind da und doch nicht da. Gehören echt dazu und gehören doch nicht wirklich dazu. Sie lassen sich nicht vereinnahmen. Ihre Bestimmung und Führung ist außerhalb des Systems.
>
> Darum sind sie für Systeme/Institutionen/Hierarchien/Ideologien immer ein Ärgernis. Stets fallen sie aus dem Rahmen, obgleich ihr Herz aufrichtig und ihre Liebe echt ist. Sie sind nicht eigenmächtig und doch frei von Fremdbestimmung. Eigenmächtigkeit und Freiheit sind eben nicht das Gleiche. Sie sehen aber manchmal zum Verwechseln ähnlich aus.
>
> Alle Propheten wurden verfolgt und des Hochverrats sowie der Rebellion angeklagt und aus diesem Grund getötet. Tragisch. Dieses „in der Welt aber nicht von der Welt sein" habt ihr noch wenig begriffen und noch weniger akzeptiert als euren von mir verordneten Lebensstil.
>
> Eure Heimat ist der Himmel. Hier auf Erden seid ihr Fremdlinge und Wanderer. Hier habt ihr keine Heimat und könnt sie auch nicht haben. Nur dass die Welt das nicht ertragen kann. Denn in gewisser Weise seid ihr immer ein Zeichen ihres Endes. Auch die Gemeinde kann die Propheten kaum ertragen. Denn sie zeigen auch ihre Vorläufigkeit an, ihre Unfertigkeit und ihr Ende.
>
> Da aber alle konservativen Kräfte darauf dringen, eine „sichere" Kirche zu bilden, in der alles so vollkommen geregelt ist, dass sie in sich fertig ist und nichts mehr braucht, muss sie die Propheten abschaffen, zum Schweigen bringen und als Querulanten diffamieren. Und jedenfalls die Ohren vor ihnen verschließen. Denn sie predigen nie Erhalt, sondern stets Überwindung.

Ihr müsst entschlossen aus dem Erhaltungsmodus ausbrechen und in den Überwindermodus umschalten. Die Kräfte des Erhaltens und die der Überwindung sind einander entgegengesetzt und sorgen unweigerlich für Spannung. Diese kann euch zerreißen oder aber geschickt genutzt werden, denn sie ist Energie. Dies ist gute Kampftechnik.

Wenn ihr die Angst vor der Disharmonie und Spannung endlich einmal niederlegen und die Kraft der Spannung für den Dienst der Überwindung nutzen würdet, würdet ihr mit weniger Schaden durchkommen und schneller vorankommen. Ich will eure Segel so stellen, dass der Gegenwind euch dienen muss, um voranzukommen. Nur seid unbeirrt.

Geht mit David und nicht mit Saul. Seid Überwinder und nicht Erhalter; Seher und nicht Blinde; Agenten der Zukunft und nicht der Vergangenheit. Misstraut jedem scheinbaren Frieden, jedem scheinbaren Erfolg, jeder Ideologie, die sagt, sie hätte endlich die endgültige Wahrheit und Methode gefunden. Wenn sie sagen: „Hier ist der Christus!“ oder: „Dort ist der Christus!“, dann geht nicht hin. Um nicht verführt zu werden, müsst ihr euch fest an mich klammern. Frei und unabhängig bleiben in der Art der Propheten.

Kapitel 8

Der *neue* Apostel

Nach Gottes Gnade, die mir gegeben ist,
habe ich den Grund gelegt als ein weiser Baumeister;
ein anderer baut darauf.
Ein jeder aber sehe zu, wie er darauf baut.

1. Korinther 3,10

Für lange Zeit konnte ich nicht viel mit dem Begriff „Apostel“ anfangen. Ja, die zwölf Jünger Jesu, die er zu seinen Aposteln (Gesandten) machte und mit Vollmacht ausstattete, die Dämonen auszutreiben und Kranken zu heilen, waren das eine. Sie hatten Jesus „live“ erlebt und waren ihm gefolgt, sie kannten ihn besser als jeder andere und gaben aufgrund dieses Alleinstellungsmerkmales seine Lehre am unverfälschtesten weiter. Darum heißen sie auch „Apostel des Lammes“ (Offb 21,14). Sie waren die Zeugen seiner Auferstehung und gaben eben dieses Zeugnis in großer Vollmacht weiter. Die Auferstehungskraft war ihnen offenbar grundlegend wichtig. Denn die Gemeinde hat Anteil an dieser Auferstehung, sie steht gemeinsam mit Jesus auf und überwindet damit den Tod.

> *Und mit großer Kraft legten die Apostel das Zeugnis von der Auferstehung des Herrn Jesus ab; und große Gnade war auf ihnen allen* (Apg 4,33).

Wenn heute an Ostern in allen Kirchen über die Auferstehung gesprochen wird, sind es nur noch Worte, aber die „große Kraft und große Gnade“ fehlen im Allgemeinen. Es wird pastoral und nicht apostolisch gepredigt – und das macht einen gewaltigen Unterschied. Auch Paulus betont in Philipper 3,10 f., dass er alles dafür gibt, um an der Auferstehungskraft Christi Anteil zu haben.

Die Apostel sind hingegeben, entschlossen und zielstrebig. Nur etwas über die Auferstehung *zu wissen*, ist ihnen zu wenig, sie wollen ihrer teilhaftig sein und sie am eigenen Leibe erfahren. So geht es mit allen „Themen“, die für die Apostel eben immer viel mehr als nur Themen sind, über die man sich mal gepflegt in einer Bibelstunde austauscht.

Meine Apostelgeschichte

Mit Erstaunen stellte ich seinerzeit fest, dass Jesus nach der Bestellung und Sendung der zwölf Jünger als Apostel (s. Lk 6,13) schon bald weitere siebzig mit haargenau der gleichen Vollmacht ausstattete und mit derselben Botschaft aussandte (s. Lk 10). Also waren das von der Sache her auch Apostel. Die orthodoxe Kirche benennt sie bis heute auch so. Ich habe mich immer gefragt, wo sie eigentlich geblieben sind?

Noch länger brauchte es, bis ich entdeckte, dass in der Apostelgeschichte und den Lehrbriefen neben dem ursprünglichen Kreis der 12 Jünger und Paulus auch noch weitere Personen als Apostel bezeichnet werden. Unter ihnen „Junia“, eine Frau. Da das der Kirche ehemals nicht gefallen hat, machte sie aus Junia kurzerhand einen Junias …[1] Hier eine beeindruckende Aufzählung von weiteren Aposteln:

- In der Apostelgeschichte (14,4.14) werden **Barnabas und Paulus** als Apostel bezeichnet. Barnabas war zuvor laut Apostelgeschichte 13,1-4 zusammen mit Paulus zu dem Werk, zu dem sie der Herr berufen hatte, auserwählt worden.

[1] Mehr zu Junia siehe: https://de.wikipedia.org/wiki/Junia_(Apostel), 11.2.22

- In Römer 16,7 werden **Andronikus und Junia** erwähnt, die „angesehene Apostel sind", wörtlich „Angesehene unter den Aposteln".
- Paulus bezeichnet **Jakobus**, „des Herrn Bruder", als Apostel (Gal 1,19).
- **Silvanus und Timotheus** nennen sich zusammen mit Paulus „Christi Apostel" (1. Thessalonicher 2,6 im Zusammenhang mit 1. Thessalonicher 1,1)
- In Epheser 4,11 wird das **„Amt des Apostels"** zusammen mit den Ämtern der Propheten, Evangelisten, Hirten und Lehrern als einer der grundlegenden Dienste der Kirche bezeichnet.
- In Hebräer 3,1 wird **Jesus Christus** selbst als der **Apostel** und Hohepriester unseres Bekenntnisses bezeichnet.
- In 2. Korinther 8,23 und in Philipper 2,25 ist von **„Aposteln der Gemeinden"** die Rede, welche von den Gemeinden für eine bestimmte Aufgabe ausgesandt wurden. Dort wird namentlich **Titus** erwähnt.[2]

Der letzte Punkt der „Apostel der Gemeinden" ist für uns besonders interessant, denn er setzt den apostolischen Dienst auf eine breite Ebene und entbindet ihn von der Sonderstellung der 12 oder der 70 Jünger, die Jesu persönlich gekannt und erlebt hatten.

> *Sei es, was Titus betrifft, er ist ein Gefährte und in Bezug auf euch mein Mitarbeiter; seien es unsere Brüder, sie sind Gesandte (wrtl.* ***Apostel) der Gemeinden****, Christi Herrlichkeit* (2 Kor 8,23).

Der Anhang „Christi Herrlichkeit" war nach Rienecker ein höchster Ehrentitel für diese apostolischen „Mitarbeiter".[3] Meiner Erfahrung nach haben es heute die Brüder, die unter die Salbung kommen, oft schwer. Sie werden regelmäßig verunehrt bzw. diffamiert, weil sie „aus der Reihe tanzen" und nicht

---

[2] https://de.wikipedia.org/wiki/Apostel, 11.2.22

[3] Rienecker, Sprachl. Schlüssel zum griech. NT, Gießen 1970, S. 419

still auf ihrem Platz sitzen. Sie müssen sich rechtfertigen und erklären, wieso sie, anders als die anderen, dermaßen vom Evangelium ergriffen sind.

Stefan Vatter stellt in seinem Arbeitsmaterial zum apostolischen Dienst fest:

> Etliche Jünger, wie auch einige Jüngerinnen, wurden in der Kirchengeschichte Apostel genannt, da sie deutliche phänomenologische Ähnlichkeiten zu den Aposteln des Neuen Testamentes aufwiesen. So beispielsweise Nino (4. Jh.), „Apostelin von Georgien"; Patrick (5. Jh.), „Apostel von Irland"; Bonifatius (8. Jh.), „Apostel der Deutschen"; Hans Hut (16. Jh.), „Apostel der Täufer"; Hans Denk (16. Jh.), „Apostel der Wiedertäufer" oder Hudson Taylor (19. Jh.), „Apostel der Chinesen". In der Art und Weise, wie sie am Reich Gottes mitwirkten und Verantwortung für die Ausbreitung des Evangeliums übernahmen, Gemeinden gründeten, Menschen in eine auch für die Gesellschaft lebendige Gottesbeziehung führten oder gottferne Lebensstrukturen unter die Segensherrschaft Gottes stellten, kam ihr apostolisches Profil zum Ausdruck. Ein Blick in die Kirchengeschichte lässt erkennen, dass die Gabe des Apostels anzutreffen ist und der apostolische Dienst gelebt wurde. Die Apostel sind nicht ausgestorben.[4]

Weiter unten in seinem Artikel zitiert Vatter noch Spurgeon:

> Charles Spurgeon wurde einmal gefragt, warum unser Christsein und unsere Gemeinden heute nicht mehr die Kraft und Vollmacht der ersten Jünger haben, und er antwortete:
> „Erstens, wir haben keine apostolischen Männer; zweitens, die Arbeit wird nicht auf eine apostolische Art und Weise getan; drittens, stehen keine apostolischen Kirchen hinter ihnen; viertens, wir stehen nicht unter dem apostolischen Einfluss des Heiligen Geistes."

In meiner „persönlichen Apostelgeschichte" halfen mir allerlei Bücher weiter, in denen über die Salbung des Heiligen Geistes

---

[4] https://www.ahelp.info/wp-content/uploads/2018/10/Der-apostolische-Dienst-Grundlagen-Stefan-Vatter_2018-09-08.pdf

gelehrt wurde und wie sie bei welchen Dienstgaben wirkt.[5] Mein Horizont weitete sich! Jedoch war ich evangelikal geprägt und stand ständig im Konflikt mit einer Theologie und Gemeinde-Gestaltung, in der das Apostolische nicht oder nur in einer stark begrenzten Version vorkam. Es wurde mir der Eindruck vermittelt, dass es in der Frühzeit der Gemeinde die Apostel und Propheten brauchte, um die Gemeinde zu etablieren, dann aber nicht mehr.

Auch in den Bibelstunden wurde nicht gelehrt, dass der fünffältige Dienst unabdingbar ist, aber auch andere Geistesbegabungen relevant und normal seien, um die Gemeinde aufzubauen und der Leib Christi sein zu können. Da die neutestamentlichen Lehrbriefe kapitelweise darüber reden, etwa in 1. Korinther 12–14, war es mir immer seltsam vorgekommen, dass man kaum einmal offen darüber reden konnte, so negativ war der Begriff der „charismatischen Ämter“ belegt. Vielleicht hatte das noch immer mit der bereits erwähnten „Berliner Erklärung“ von 1909 zu tun, in der sich die pietistische Gemeinschaftsbewegung offiziell von der entstehenden Pfingstbewegung distanzierte?[6]

Später führte ich eine Reihe von kleinen Interviews mit Pamela Giehl und Barbara Rumpus vom Dienst „Kingdom Life NOW“ zum Thema des Apostolischen, die erhellend waren.[7]

Die drei Häuser

Inzwischen sind viele Jahre vergangen und ich habe den fünffältigen Dienst in allen seinen Ausprägungen kennengelernt. Die Wiederherstellung der „charismatischen Ämter“ vollzieht sich – trotz erheblichem Widerstand der alten Gemeinde –

---

[5] Im KURS zu diesem Buch hänge ich eine Literaturliste an.

[6] https://de.wikipedia.org/wiki/Berliner_Erkl%C3%A4rung_(Religion), 12.2.22

[7] Interviews von Frank Krause und Pamela Giehl (http://www.kingdomlifenow.de) über die apostolische Dimension der Gemeinde: https://www.youtube.com/watch?v=z-D8P0DWwS4&list=PLK9CHkVF0-uOvdZVKsrKkg_v3mXtN-cS7

rasend schnell. Man kann heute meines Erachtens grob gesprochen von der Christenheit als von drei verschiedenen Häusern sprechen:

Da ist das alte, traditionelle Haus der katholischen und evangelischen Kirchen bzw. der „Staatskirchen". Ich vergleiche es mit „Israel in Ägypten". Diese Kirchen sind voll integriert ins herrschende System und unter dessen Kontrolle.

Dann das Haus der Freikirchen, welche die Reformation Luthers entschieden weitergeführt haben als die Protestanten. Sie vergleiche ich mit „Israel in der Wüste". Losgerissen von den weltlich-kirchlichen „Herren" und „Hierarchien" üben sie sich in Neuorientierung und Unabhängigkeit bzw. Freiheit. Jedoch sind sie noch augenfällig geprägt von „Ägypten" und neigen dazu, wieder ähnliche Strukturen und Abhängigkeiten zu produzieren wie diejenigen, von denen sie sich eigentlich verabschiedet haben.

Darüber hinaus kam es mit der Pfingstbewegung zu einer weltweiten Bewegung, die sich mit den Ämtern und Gaben des Geistes wirklich auseinandergesetzt und sie – zumindest teilweise – integriert hat. Das heißt, es gibt Gemeinden, die den fünffältigen Dienst kennen und anerkennen. Für sie ist die „fünffältige Gemeinde", die daraus entsteht, „normal". Das war nicht immer leicht zu realisieren und es gab im Prozess der Implementierung Irrungen und Wirrungen, aber dennoch wurde vieles wiederentdeckt und reaktiviert, was auf dem Weg, den die Gemeinde seit 2000 Jahren gegangen ist, verloren wurde. Diese Bewegung vergleiche ich mit „Israel zieht mit Josua über den Jordan in das Land der Erfüllung der Verheißungen".

Natürlich gibt es Mischungen der Häuser aller Art, aber aufs Ganze gesehen kommt die Christenheit zunehmend in eine neue Phase von Freiheit und Orientierung an dem wirklichen Jesus, den der Heilige Geist offenbart, anstatt dem religiös domestizierten Jesus, den die Kirche im Allgemeinen präsentiert.

In diesem Wiederherstellungsprozess scheint der apostolische Dienst an letzter Stelle zu stehen, die aber nun zur vordersten wird. Er bringt die Gemeinde in eine Stärke, eine

Position und Wirkung, die sich aus ihrer Identität IN CHRISTUS speist. Wenn man nicht weiß, wer man ist, hat man schlechte Karten und ist chronisch verwirrt sowie leicht zu manipulieren.

Lange Zeit war die wahre, göttliche Identität der Gemeinde verborgen und sie ließ sich andere Identitäten wie fremde Kleider anziehen. Das daraus resultierende Zerrbild einer pseudochristlichen Kirche hat ihren Ruf zerstört und dazu geführt, dass sich kaum einer mehr für sie interessiert. Die Apostel haben heute eine Art von Aufgabe vor sich wie einst Mose und später Josua in Bezug auf Israel, als Mose sie aus dem Sklavenhaus Ägypten in die Wüste führte und Josua aus der Wüste über den Jordan in ihr Erbe.

Mose und Josua *erinnerten* Israel daran, wer sie als „erwähltes Volk" eigentlich sind und dass es galt, in die *Freiheit* aufzubrechen und in das „Land der Verheißung" zu ziehen. Mit nie zuvor gesehener *Macht* legte sich Mose mit dem Pharao an und *eiferte* um Israel mit Gottes Eifer. Tatsächlich setzte er das gefangene und selbstvergessene Volk *in Bewegung*. In Form des „Zeltes der Begegnung" brachte er die *Gegenwart Gottes* in ihre Mitte. Als sie anfingen, sich mit der Wüste zu identifizieren, kam Josua ins Spiel, der sie „in der Kraft der Zeichen und Wunder" erneut mobilisierte, über den Jordan zu gehen. Das ist, was die Apostel tun. Sie erinnern und reinstallieren Identität, sie bringen in Bewegung und initiieren Aufbrüche. Sie schaffen Perspektiven und überwinden die Hindernisse.

In Christus

Apostel machen der Gemeinde Dampf. Sie treiben sie vorwärts, tiefer in die Realität der Erlösung, der Auferstehung, der Teilhabe am Thron und Bürgerschaft im Reich Gottes hinein. Mit einer Wucht brechen sie durch, wo die Gemeinde in ihrer Entwicklung stehen geblieben oder zurückgefallen ist.

Die Frage nach unserer Identität „in Christus" ist für die Apostel wie ein Treibsatz. Wer wir „in Christus" *sind*, was wir „in ihm" *haben* und „aus ihm heraus" *vermögen*, bewegt die

Apostel bis in die Haarspitzen. Alles was der Realisierung des „Christus in uns" und „uns in Christus" im Wege steht, wird von den Aposteln mit großer Autorität und unnachgiebigem Eifer angegriffen.

> *Meine Kinder, ich leide noch einmal Geburtswehen um euch,* ***bis Christus in eurer Mitte Gestalt angenommen hat!*** (Gal 4,19).

Dieser Bibelvers ist typisch apostolisch. Die apostolische Salbung ist intensiv wie Wehen, aber auch „göttlich eifersüchtig":

> ***Wache ich doch ebenso eifersüchtig über euch wie Gott selbst.*** *Ihr seid für mich wie eine Tochter, die ich für einen Mann bestimmt und mit ihm verlobt habe, um sie ihm unberührt zuzuführen, nämlich Christus* (2 Kor 11,2 GNB).

Die Kraft, mit der die Apostel um die Gestaltwerdung von Christus in uns und uns in ihm ringen, ist in ihrer Intensität absolut übernatürlich.

> *Darum wacht und denkt daran, dass ich* ***drei Jahre lang Nacht und Tag*** *nicht aufgehört habe,* ***einen jeden unter Tränen*** *zu ermahnen!* (Apg 20,31).

Solche Bibelstellen zeigen etwas von einer verzehrenden Leidenschaft und einem hohen Bewusstsein davon, dass es im Evangelium nicht nur um „seid nett zueinander und benehmt euch!" geht. Wenn ich mir vorstelle, jemand hätte mich auf apostolische Weise, wie in Apostelgeschichte 20,31 beschrieben, über Jahre „ermahnt", des Evangeliums würdig zu wandeln – nicht auszudenken!

Hier kommen noch ein paar weitere typisch apostolische Verse, welche belegen, wie ergriffen die Apostel vom Evangelium Jesu Christi sind:

> *Denn ich nahm mir vor, nichts anderes unter euch zu wissen als nur Jesus Christus, und ihn als gekreuzigt. Und ich war*

> *bei euch in Schwachheit und mit Furcht und in vielem Zittern; und meine Rede und meine Predigt bestand nicht in überredenden Worten der Weisheit, sondern in Erweisung des Geistes und der Kraft, damit euer Glaube nicht auf Menschenweisheit, sondern auf Gottes Kraft beruht* (1 Kor 2,2-5).

Wir haben jetzt von „Wehen" gelesen, von „göttlicher Eifersucht", von „Tränen" sowie „vielem Zittern". Wie stellen wir uns das vor? Wie geht man mit so jemandem um? Wie halten wir das aus? „Das ist doch fanatisch", werden viele sagen, „und fundamentalistisch". Ja, genau so sind die Apostel. Sie sagen Sachen wie:

> *Denn Leben, das ist für mich Christus; darum bringt Sterben für mich nur Gewinn* (Phil 1,21 GNB).
>
> *Aber was auch immer mir Gewinn war, das habe ich um Christi willen für Verlust gehalten; ja wirklich, ich halte auch alles für Verlust um der unübertrefflichen Größe der Erkenntnis Christi Jesu, meines Herrn, willen, um dessentwillen ich alles eingebüßt habe und es für Dreck halte, damit ich Christus gewinne* (Phil 3,7-8).
>
> *Ich bin mit Christus gekreuzigt, und nicht mehr lebe ich, sondern Christus lebt in mir* (Gal 2,19b-20a).

Das Reich Gottes

Gehen wir zurück zu den Ursprüngen des Aposteltums, finden wir die Situation, dass Jesus das Reich Gottes verkündete, die Kranken heilte und Dämonen austrieb. Er demonstrierte ein „Reich", eine „Herrschaft" mit ihrem überlegenen Anspruch. Dass die Schicksale der Menschen sich wendeten, Lähmungen und Blindheit wichen, genau wie dämonische Besetzungen, zeigten diese Macht, die „in Christus" gekommen war, um sich der „verschmachteten Menschen" anzunehmen, indem Jesus sie aus der Ohnmacht herausholte und mit Gottes Kraft in Verbindung brachte.

Und Jesus zog umher durch alle Städte und Dörfer und lehrte in ihren Synagogen und predigte das Evangelium des Reiches und heilte jede Krankheit und jedes Gebrechen. Als er aber die Volksmengen sah, wurde er innerlich bewegt über sie, weil sie erschöpft und verschmachtet waren wie Schafe, die keinen Hirten haben. Dann spricht er zu seinen Jüngern: Die Ernte zwar ist groß, die Arbeiter aber sind wenige. Bittet nun den Herrn der Ernte, dass er Arbeiter aussendet in seine Ernte! (Mt 9,35-38).

Die Ernte all dieser „Volksmengen" war zu viel für Jesus allein. Er brauchte Mitarbeiter in der „großen Ernte". So gab Jesus wenig später seinen zwölf Jüngern die Vollmacht, seine Apostel (= Gesandten) zu sein, die in seinem Namen dieselbe Botschaft des Reiches Gottes mit denselben Erweisen der Macht in die „Ernte" der Menschen tragen sollten.

Und als er seine zwölf Jünger herangerufen hatte, gab er ihnen Vollmacht über unreine Geister, sie auszutreiben und jede Krankheit und jedes Gebrechen zu heilen ...
Wenn ihr aber hingeht, predigt und sprecht: Das Reich der Himmel ist nahegekommen. Heilt Kranke, weckt Tote auf, reinigt Aussätzige, treibt Dämonen aus! Umsonst habt ihr empfangen, umsonst gebt! (Mt 10,1.7-8).

Genau das Gleiche geschah dann mit den siebzig Jüngern, die Jesus zusätzlich aussandte. Das ist also die Blaupause der Apostel. Sie verkündigen das Reich Gottes, heilen die Kranken und treiben Dämonen aus. So wie Jesus Lazarus und den Jüngling von Naim von den Toten auferweckt hatte, würden sie sogar solch etwas tun, um zu zeigen, „wer das Sagen hat".

In der Apostelgeschichte lesen wir von der ersten Gemeinde, die ja von den Aposteln geleitet wurde, dass alles genau so geschah.

Durch die Hände der Apostel aber geschahen viele Zeichen und Wunder unter dem Volk; und sie waren alle einmütig

> *beisammen in der Halle Salomos. Von den Übrigen aber wagte keiner sich ihnen anzuschließen; doch das Volk schätzte sie hoch; und immer mehr wurden hinzugetan, die an den Herrn glaubten, eine Menge von Männern und Frauen, sodass man die Kranken auf die Gassen hinaustrug und sie auf Betten und Bahren legte, damit, wenn Petrus käme, auch nur sein Schatten auf einen von ihnen fiele. Es kamen aber auch viele aus den umliegenden Städten in Jerusalem zusammen und brachten Kranke und von unreinen Geistern Geplagte, die alle geheilt wurden* (Apg 5,12-16).

Wir sehen: Das ursprüngliche „Programm" bzw. der apostolische Auftrag Jesu galt weiterhin unverändert. Für mich war es, wie ich auch in anderen meiner Bücher schon gesagt habe, die Evangelisation des Philippus in Samarien (Apg 8,5-13), die es mir wie Schuppen von den Augen fallen ließ. Dort heißt es, dass Philippus ihnen „Christus" verkündigte, wobei die *„Volksmenge einmütig darauf achtete, was er sagte, als sie zuhörten und die Zeichen sahen, die er tat, denn aus vielen, die unreine Geister hatten, fuhren diese mit großem Geschrei aus; es wurden aber auch viele Gelähmte geheilt und solche, die nicht gehen konnten. Und es herrschte große Freude in jener Stadt*".

Auf einmal fragte ich mich – oder war es der Heilige Geist in mir? –, was für einen „Christus" Philippus jenen Leuten verkündete, dass solche Zeichen folgten – und was für einen Christus wir verkündigen, dass *keine* solchen Zeichen folgen, also die unreinen Geister unbehelligt bleiben, die Gelähmten gelähmt und keine große Freude ausbricht. Weiter unten fand ich die Spezifizierung seiner Predigt:

> *Als sie aber dem Philippus glaubten, der das Evangelium vom Reich Gottes und vom Namen Jesu Christi verkündigte, ließen sich Männer und Frauen taufen* (Apg 8,12).

Ich fragte mich auf einmal, was ich eigentlich von dem „Reich Gottes" und dem „Namen Jesu" weiß? Wie lange könnte ich darüber sprechen? Ich musste zugeben: Das Erste, das die

Samariter zu hören bekamen, war mir, dem langjährigen Christen, nicht vertraut!

Mir ging ein Licht darüber auf, dass ich noch immer nicht „das Evangelium vom Reich Gottes und dem Namen Jesu" kannte, sondern eines des „guten Hirten" und seiner „mildtätigen Gemeinde". Ich kannte das Evangelium des Katechismus mit seiner Betonung der Zehn Gebote und das der „strengen Unterordnung" der Evangelikalen sowie das der Sonntagsgottesdienste. Ich kannte das Evangelium der Sündenvergebung, um dereinst in den Himmel zu kommen. Aber das Reich Gottes und den Namen Jesu?

Nach seiner Auferstehung erschien Jesus seinen Jüngern, den Aposteln, und *„redete mit ihnen während 40 Tagen* ***über das Reich Gottes****"* (Apg 1,3). Vierzig Tage! Nachdem sie bereits drei Jahre bei Jesus „in der Schule des Reiches Gottes" gewesen waren, folgte nun noch ein „Kurs für Fortgeschrittene". Ich fragte mich, wie lange ich über das Reich Gottes reden könnte. Vier Minuten statt vierzig Tage?

Apostolische Revolution

Es gehört also zum Wesen des apostolischen Dienstes, das Evangelium „des Christus", des „Reiches Gottes" und des „Namens Jesu" zu verkündigen. Genau so machte es Paulus:

> *Denn ich werde nicht wagen, etwas von dem zu reden, was Christus nicht durch mich gewirkt hat zum Gehorsam der Nationen durch Wort und Werk, in der Kraft der Zeichen und Wunder, in der Kraft des Geistes, sodass ich von Jerusalem und ringsumher bis nach Illyrien das Evangelium des Christus völlig verkündigt habe* (Röm 5,18-19).

Das Ziel der Apostel, was die Gemeinde betrifft, ist, sie mit dem Evangelium „des Christus", „des Reiches Gottes" und „des Namens Jesu" vertraut zu machen. Die Gemeinde als der Leib Christi muss in dieser apostolischen Salbung leben, sonst kann sie Jesus nicht angemessen widerspiegeln. Wir können uns vorstellen, wie anders die Gemeinde in diesem „Reich-Gottes-Bewusstsein" wandelt, als die rein pastorale Gemeinde, der es primär um Betreuung und Versorgung geht. Von „erntereifen Feldern" weiß sie nichts. Unter „Erntearbeitern" versteht sie Missionare, die in ferne Länder geschickt werden, um dort unter den „Armen" Sozialarbeit zu leisten sowie Krankenstationen und Schulen aufzubauen. Aber das ist nicht das Reich Gottes und versetzt niemanden hinein „in Christus".

Die Erkenntnis und das Verständnis des Reiches Gottes und des Namens Jesu und des „Christus = des Gesalbten", also der Salbung, hat mein geistliches Leben revolutioniert, anders kann ich es nicht sagen. Jeder Aspekt des fünffältigen Dienstes bringt eine Revolution mit sich, wenn er wirklich zum Tragen kommt. Alles verändert sich. Das gilt für den einzelnen Gläubigen wie auch für die ganze Gemeinde.

Jeder einzelne Zweig des fünffältigen Dienstes ist so mächtig und weitgehend, dass es mich nicht wundert, wenn Gläubige oder Gemeinden über einen oder zwei dieser Äste nicht hinauskommen. Wenn wir aber Jesus anschauen und seine Gemeinde als *seinen* Leib betrachten, dann findet sich alles zusammen zu einer geistgewirkten Einheit, die menschliches Vermögen bei Weitem übersteigt. Aber genau in dieser Erfahrung liegt die „Seligkeit", denn jeder in einer solchen Gemeinde weiß über jeden Zweifel erhaben, dass er es tatsächlich mit Gott und nicht einem religiösen Imitat zu tun hat.

Damit sich jedoch *nichts* ändert, erklärt man in der selbstgemachten Kirche diesen fünffältigen Dienst für nicht mehr zeitgemäß und ersetzt ihn durch moderne Gemeinde-Manager, die mit wissenschaftlicher Theologie, sozialer Kompetenz und nach Marketingmethoden das „Unternehmen Kirche" zum Erfolg führen. Dabei besteht der Erfolg nicht in der Offenbarung Jesu, sondern im Wachstum des Unternehmens. Darum werden heute gerne Geschäftsleute zu Ältesten gewählt. Ihnen geht es wie allen Verwaltern um Zahlen. Sie glauben, „Zahlen lügen nicht" und bildeten die Realität „nüchtern" ab. Wofür braucht man Propheten, wenn man „valide Daten" und Statistiken hat, nach denen man sich richten kann, ja, richten muss, wenn man nicht als unzurechnungsfähig gelten will? Aber Glaube, Hoffnung und Liebe lassen sich nicht so leicht „verifizieren und quantifizieren". Das Leben selbst entzieht sich der Zahlenmatrix des Geschäftsgeistes und seiner Effizienzanalyse. Es ereignet sich jenseits von Organigrammen und durchgeplanten Veranstaltungen wie ES will.

Diese Bemerkungen sollen nicht jede Zahl, Analyse und Planung als abwegig oder ungeistlich verwerfen, sondern das Augenmerk darauf lenken, dass wir von Gottes Methoden abweichen, um es mit den eigenen zu probieren. Dabei heraus kann natürlich nichts Göttliches kommen, sondern nur das Unsere. Die Gemeinde als Spiegel von uns selbst.

Das „andere Evangelium"

Wir sehen, wie entscheidend für die Apostel die Offenbarung Jesu Christi ist. Paulus gründet sein Apostelamt darauf:

> *Ich tue euch aber kund, Brüder, dass das von mir verkündigte Evangelium nicht von menschlicher Art ist. Ich habe es nämlich weder von einem Menschen empfangen noch erlernt, sondern durch Offenbarung Jesu Christi* (Gal 1,11-12).

Diese Offenbarung Jesu Christi hat den Apostel durch und durch ergriffen und verwandelt. Jetzt *dient er ihr* immer und überall. Wenn Apostel über Jesus sprechen, hat es stets diese Offenbarungsqualität.

Wenn die Gemeinde nicht „brennend im Geist" ist, ihr Leben nicht als „lebendiges Opfer" auf dem Altar liegt, wenn sie nicht ihre volle Position „in Christus" einnimmt und ein klares Bewusstsein darüber hat, was das bedeutet, sind die Apostel nicht zufrieden. Niemand setzt sich *mehr* dafür ein, dass die Gemeinde „in das volle Maß der Reife der Fülle Christi" (Eph 4,13) gelangt, als die Apostel. Und niemand leidet so sehr an der Lauheit der Gemeinde, wie die Apostel. Das Schielen der Gemeinde nach Ägypten alias der Welt, um an ihren

„Fleischtöpfen“ bzw. „Geldttöpfen“ zu partizipieren, ist den Apostelnempörend. Vieles, was sich heute „Kirche“ und „Gemeinde“ nennt, können die Apostel nicht als solche anerkennen. Wo nur „christlich“ drauf steht, aber Christus nicht drin ist, davor können sie nur warnen. Und zwar mit scharfen Worten:

> *Ich wundere mich, dass ihr euch so schnell von dem, der euch durch die Gnade Christi berufen hat, abwendet zu einem* ***anderen Evangelium,*** *wo es doch kein anderes gibt; einige verwirren euch nur und wollen das Evangelium des Christus umkehren. Wenn aber auch wir oder ein Engel aus dem Himmel euch etwas als Evangelium entgegen dem verkündigten, was wir euch als Evangelium verkündigt haben: Er sei verflucht!* (Gal 1,6-8).

Oha! Da geht es heftig zur Sache! Was ist ein „anderes Evangelium“? Eines, in dem es nicht primär um Jesus geht. Eines, das andere Inhalte hervorhebt als Jesus. Nicht vergessen: Die Gemeinde ist der Leib Christi. Sie offenbart den innewohnenden Christus. Das ist **das Eine,** worum es geht und wofür die Gemeinde existiert. Alles andere – egal wie gut oder schlecht es sein mag, ist eben etwas anderes und sollte sich nicht per se „christlich“ oder „Leib Christi“ nennen.

Eine Gemeinde ist kein „Verein für mildtätige Zwecke“, sondern Ort der Offenbarung Jesu Christi in Erweisung des Geistes und der Kraft. Niemand hat etwas gegen mildtätige Zwecke einzuwenden, aber das ist nicht der eigentliche Sinn und Auftrag der Gemeinde. Jesus ist ihr Sinn und Auftrag. Die Gemeinde dreht sich nicht um den Menschen, sondern um Christus.

Alle christliche Arbeit ist Beteiligung an Christi Arbeit, sonst ist sie was auch immer, aber nicht christlich. Ohne Jesus, den Christus = den Gesalbten, zu erkennen, kann die Gemeinde nichts tun. Das hat sie in weiten Teilen vergessen und tut eine Menge Dinge, die Jesus nicht tut. Heute steht bei vielen die Arbeit im Mittelpunkt, aber es liegt der Fluch von Galater 1,8 darauf. Dieser Fluch drückt sich unter anderem darin aus, dass trotz hohem Einsatz an Zeit und Geld sowie viel Arbeit nichts Nennenswertes dabei herauskommt.[8]

Viele Gemeinden halten sich nur mit Mühe und endlosen Spendenaufrufen über Wasser. Sie drehen sich um sich selbst und nicht um Christus. Das kann nicht gutgehen.

In den sieben Sendschreiben der Offenbarung an die sieben Gemeinden geht es Schreiben für Schreiben um die *Abweichung von Christus*. Bei jeder Gemeinde sahen die Gründe dafür anders aus, aber alle werden ermahnt, umzukehren und Jesus wieder Jesus sein zu lassen, das Zentrum und den Inhalt, den Zweck und den Weg, das Licht und das Leben der Gemeinde. Wenn nicht, droht Jesus ihnen ausdrücklich und unmissverständlich, ihnen den Stecker zu ziehen. Diese sieben Briefe sind ausgesprochen apostolisch.

Es ist doch augenfällig, worüber sich die Mehrheit der Gemeinden heute definiert: über ihre Verbände oder behördenartigen Institutionen, ihre Geschichte und Gründungsfiguren, über ihre Dogmatik und Theologie, Tradition und Liturgie, über soziale und gemeinnützige Arbeit, Gremien, Posten und Zahlen. Vieles, worüber Jesus kein Wort gesagt hat, ist sehr wichtig, anderes, worüber er eine Menge gesagt hat, kommt nicht vor.

Ohne die von Jesu selbst gesetzten Apostel ist die Gemeinde auf dem besten Weg zu verwaisen. Die geistlichen „Väter und Mütter“ fehlen, die sie in Christus gründen und erziehen. Mächtige, bewährte, von Jesus selbst initiierte und legitimierte Vorbilder im Glauben fehlen überall. Junge Leute gehen auf die Universitäten und sind hinterher „Theologen“ und werden Pfarrer usw. Worin besteht ihre Bewährung? Dass sie das Studium durchgehalten haben?

Heute zerfällt die Christenheit in endlos viele Splittergruppen. Die Volkskirchen sind längst keine mehr und haben keine prägende, geschweige denn einende Kraft mehr[9]. Alle

---

[8] Der „Fluch“ wird sehr anschaulich in Haggai 1,5-11 beschrieben.

[9] Der überwiegende Teil der Bevölkerung gehört einer der beiden großen Kirchen an, die eine flächendeckende religiöse Versorgung organisieren: Dies war jahrzehntelang die Rolle und das Selbstverständnis der Volkskirchen in

machen, was sie wollen, und nicht, was Jesus will. Die definierende und orientierende, sammelnde und ausrichtende Kraft des Apostolischen fehlt.

Die Zeichen des Apostels sind ja unter euch vollbracht worden in allem Ausharren, in Zeichen und Wundern und Machttaten (2 Kor 12,12).

Denn ich werde nicht wagen, etwas von dem zu reden, was Christus nicht durch mich gewirkt hat zum Gehorsam der Nationen durch Wort und Werk, in der Kraft der Zeichen und Wunder, in der Kraft des Geistes, sodass ich von Jerusalem und ringsumher bis nach Illyrien das Evangelium des Christus völlig verkündigt habe (Röm 15,18-19).

Wehe, wir würden heute solche Maßstäbe an die modernen Amtsträger anlegen. Nicht einmal „die Zeichen, die denen folgen, *die glauben*" aus Matthäus 16,17-18 dürfen wir noch von einem Gemeindeleiter erwarten. Wohin führt er denn dann die Gemeinde? Worin gründet er sie? In Christus? Wohl kaum.

Das heißt nicht, dass alle diese Funktionäre böse Menschen sind und der Gemeinde nicht dienen wollen. Aber wenn es nicht Christus ist, der sie beruft, salbt und sendet, ist es ihnen nicht möglich, eine Gemeinde in ihre wahre Identität zu bringen und darin zu konsolidieren. Zwangsläufig wandert sie ab in das „andere Evangelium", das menschlich machbare, religiöse, sozialhumanistische Imitat ohne Zeichen und Wunder und Machttaten, ohne die Kraft des Geistes und die Salbung des fünffältigen Dienstes. Dabei entsteht ein unfruchtbares „Christentum", das sich nicht mehr durch Evangelisation und Gemeindegründungen vervielfältigt, sondern nur mehr selbst erhält.

---

der Bundesrepublik. „Diese Phase ist zu Ende", stellt ein Impulspapier der Evangelischen Kirche im Rheinland nüchtern fest. „Es gibt kein selbstverständlich von der Mehrheit der Bevölkerung getragenes christliches Kirchtum mehr." Die Erosion der Strukturen und der Mitgliederschwund der großen Kirchen ließen den Begriff Volkskirche zunehmend leer werden: „Es gibt sie nicht mehr." Ganzer Artikel: https://www.evangelisch.de/inhalte/181133/14-01-2021/volkskirche-impulspapier-schlaegt-radikalen-wandel-vor, 11.2.22

Die neuen Apostel

Die „neuen" Apostel zeichnen sich dadurch aus, dass sie sich mehr an Jesus orientieren als an den Kirchen. Sie sind aus der jahrzehntelangen oder noch längeren Auseinandersetzung mit dem etablierten Christentum ausgestiegen. Die endlosen Kompromisse, Tagungen voller Absichtserklärungen, Vorgaben und Beschränkungen liegen hinter ihnen. Sie nehmen sich die Freiheit, zu sein, die sie sind, und zu tun, was sie zu tun haben. Dabei heraus kommen zahllose neue Gemeinden – wobei sich viele ungern so nennen, weil der Begriff „Gemeinde" dermaßen kirchlich, historisch und religiös belegt ist.

Durch das Internet sowie durch immer günstigere Reisemöglichkeiten haben die Apostel eine gewaltige Möglichkeit, sich auszudrücken und zu bewegen – in der ganzen Welt. Manche fallen leider zurück in die alten, hierarchischen Strukturen und sammeln um sich her abhängige Menschen, die sie dominieren. Aber es gibt auch andere – und immer mehr davon –, die einen frischen und befreienden, identitätsstiftenden Einfluss auf die Gemeinde ausüben. Sie halten die Gläubigen in Bewegung und fordern sie auf, einen Weg zu gehen, anstatt ein Gemeindehaus zu bauen, sich niederzulassen und in Routinen einzuschlafen. Sie predigen das „Evangelium von dem Reich Gottes" und nicht länger das „Evangelium der Kirche".

Wie alle gesalbten Arbeiter des fünffältigen Dienstes sind die Apostel mächtige Menschen. Gott selbst bremste Paulus, damit er sich nicht überhebt.

> *Gott selbst hat dafür gesorgt, dass ich mir auf die unbeschreiblichen Offenbarungen, die ich empfangen habe, nichts einbilde. Deshalb hat er mir ein quälendes Leiden auferlegt. Ein Engel des Satans darf mich mit Fäusten schlagen, damit ich nicht überheblich werde. Dreimal schon habe ich den Herrn angefleht, mich davon zu befreien.*
> *Aber er hat zu mir gesagt: „Meine Gnade ist alles, was du brauchst! Denn gerade wenn du schwach bist, wirkt meine Kraft ganz besonders an dir." Darum will ich vor allem auf*

> *meine Schwachheit stolz sein. Dann nämlich erweist sich die Kraft von Christus an mir.*
> *Und so trage ich für Christus alles mit Freude – die Schwachheiten, Misshandlungen und Entbehrungen, die Verfolgungen und Ängste. Denn ich weiß: Gerade wenn ich schwach bin, bin ich stark* (2 Kor 127-10).

Apostel können Gemeinden gründen und für eine Zeit auch (beg)leiten. Aber sie sind keine Hirten. Sie werden irgendwann weiterziehen und weitere Gemeinden gründen wollen. Manche ziehen den Evangelisten hinterher, um die Bekehrten aufzufangen und „in Christus" zu gründen. Das ist eine sehr gute Idee, denn Evangelisten sind keine Gemeindegründer.

Der alten Kirche missfällt die Gründung neuer Gemeinden, die nicht unter ihrer Aufsicht stehen und nach ihren Regeln spielen. Sie wollen, dass die Leute zu ihnen kommen, und einige tun das auch. Jedoch ist die Gemeinde, die sie betreten, oft so weit von dem evangelistischen Feuer und apostolischen Eifer entfernt, dass sie das nicht zusammenkriegen. Wie kann aus dem einen das andere entstehen? Wenn Hirten für ein paar Jahre unter der Hand von Aposteln aufwachsen, haben sie ein völlig anders Verständnis von Gemeinde und ein höheres Maß und Niveau an Erfahrung von Vollmacht sowie der Offenbarung Christi, als wenn sie nur ein Studium absolviert haben.

Die erste Gemeinde, wie sie die **Apostel**geschichte beschreibt, war durch und durch apostolisch. Im Lauf der Jahrhunderte wurde sie zu einer rein pastoralen Institution, strukturell angelehnt an die römische Hierarchie. Heute kehrt sie wieder zurück zu ihren apostolischen Wurzeln, um aus ihnen heraus neu auszuschlagen zu einer modernen Fortsetzung der **Apostel**geschichte.

Kapitel 9

Die *neue* Gemeinde

Und der, welcher auf dem Thron saß, sprach:
Siehe, ich mache alles neu. Und er spricht:
Schreibe! Denn diese Worte sind gewiss und wahrhaftig.

Offenbarung 21,5

Meine Beiträge über den fünffältigen Dienst sind natürlich fragmentarisch. Wie gesagt, sind die Entwicklungen heute rasend schnell, man kommt bei dem Tempo gar nicht hinterher. Jedenfalls gilt der Grundsatz: Was sich nicht bewegt, kommt nicht mit, sondern bleibt zurück. Der Wandel ist das einzig Stabile. Und so trennt sich die alte, gewachsene und starre Gemeinde von der jungen, innovativen und beweglichen Gemeinde, die mit dem Geist unter der Assistenz des fünffältigen Dienstes *in eine neue Form übergeht.*

Die Veränderungen sind so fundamental und umfassend, dass es sich keineswegs um oberflächlich-kosmetische Verbesserungen vom Gehabten handelt, sondern um eine ganzheitliche Erneuerung. Die Gemeinde Jesu verlässt die römischen Strukturen, wie einst Israel aus Ägypten auszog, um seine Identität als Volk Gottes wiederzufinden und in sein eigenes Land zu ziehen. Auf dem Weg dorthin vollziehen sich geheimnisvolle Transformationsprozesse, wie sie vergleichsweise einer Raupe widerfahren, die zum Schmetterling wird.

Dabei ist ein Schmetterling keine „optimierte Raupe", sondern wirklich etwas wesensmäßig anderes.

Von Raupen und Schmetterlingen

Die Raupen- und die Schmetterlings-Gemeinde sind dermaßen unterschiedlich, dass die Raupen nicht nachvollziehen können, inwiefern diese Schmetterlinge überhaupt eine „Gemeinde" sein sollen und umgekehrt. Selbst wenn Schmetterlinge reumütig über ihre Abtrünnigkeit zurück in den „Schoß der Kirche" kehren und bemüht versuchen, sich dem Raupentum anzupassen, kann es nicht gelingen. Sie werden über kurz oder lang eingehen, weil es gegen ihre Natur ist.

Dabei geht es in dieser geistlichen Revolution nicht um die Verachtung der Raupen, sondern um die Erkenntnis, dass wir geschaffen sind, um zu fliegen. Es geht um die Feststellung, dass die Zeit des Raupentums lange vorüber ist und entweder schleunigst für eine Verwandlung in den Kokon gegangen wird oder den Raupen, die unbedingt welche bleiben wollen, nicht zu helfen ist. Es ist ihre Wahl, die zu respektieren ist. Aber jedem, der den Weg der Verwandlung gegangen ist, tut es „höllisch" weh, wenn die Raupen, in denen ein Schmetterling schlummert, nicht in ihre Entfaltung kommen, sondern hinter ihren Möglichkeiten zurückbleiben.

> „Ich möchte kein Schmetterling sein", sagte die Raupe,
> „weil ich nie einer gewesen bin."[1]

Meiner Beobachtung nach wurde von vielen Christen, die verstanden haben, dass sie weit unter ihrem Niveau und Potenzial leben, über Jahre versucht, ihre Gemeinden davon zu überzeugen, dass es doch „mehr" und „anderes" gibt, als sie vor Ort realisieren, aber irgendwann hat das Bitten und Betteln ein Ende, denn es warten zu wichtige Aufgaben auf der „anderen Seite des Kokons", um weitere Jahre zu opfern für fruchtlose

[1] Stewart Edward White.

Versuche, Gemeinden zu bekehren. Wer seinen gepflegten Stillstand mit Zähnen und Klauen verteidigt, soll ihn behalten.

Es geht also tatsächlich um keine sogenannte „Gemeindeerneuerung“, in der Art, dass die alten Strukturen römischer Prägung prinzipiell erhalten bleiben. Nein, es geht um eine Gemeindeverwandlung, in der zunächst *alles* aufgelöst, ja atomisiert wird und dann unter der Regie des Heiligen Geistes neu und anders wieder formiert wird. Veränderung und Verwandlung sind nicht dasselbe! Hier gibt es viele Verwechslungen. Wo die Möglichkeiten der Veränderung enden, fängt die Verwandlung an.

> Die Raupe sagt: Es ist das Ende.
> Der Schmetterling sagt: Es ist der Anfang.[2]

Ist eine Raupe in ihr volles Maß hineingewachsen, also ein „perfektes“ Exemplar ihrer Art geworden, gibt es an sich nichts mehr zu verändern oder zu erlangen. Die Raupe „hat fertig“. Auf dieser Position stehen meines Erachtens ganze Gemeindeverbände. Sie leben den reinen Selbsterhalt, eine wirkliche Entwicklung gibt es nicht mehr. Eine Zukunft gibt es auch nicht, denn sie zementieren ihre Gewordenheit und definieren sich über die Vergangenheit. Gott aber will uns „Zukunft und Hoffnung geben“ (Jer 29,11) – und das nicht nur *einmal* in der Geschichte, um dann für ewig auf diese Einmaligkeit zu referieren, sondern *immer weiter.*

Es gibt eine regressive Gemeinde, die die Vergangenheit glorifiziert und darauf wartet, dass Gott eben diese wiederholt oder aber Jesus wiederkommt. Aber vielleicht sollen wir eigentlich das Morgen ins Heute holen, also eine prophetische Gemeinde sein, die das Kommende antizipiert.

Jedem ist doch klar, dass die Orientierung an gestern etwas ganz anderes ist als die Orientierung an morgen! Der Heilige Geist, so sagt Jesus, „verkündet uns das Kommende“ (Joh 16,13). Wenn wir jedoch davon ausgehen, dass das

---

[2] Wird Laotse zugeschrieben.

„Kommende" mehr oder weniger dasselbe ist wie das „Gewesene", nehmen wir es nicht wahr, weil es eben *anders* ist.

> *Schaut nach vorne, denn ich will etwas Neues tun! Es hat schon begonnen, habt ihr es noch nicht gemerkt?* (Jes 43,19a HFA).

Meiner Ansicht nach leben viele Gemeinden tatsächlich in der Vergangenheit, sind also anachronistisch. Sie erreichen weder jemals die Gegenwart noch die Zukunft. Deswegen sind sie nicht „böse" und wir müssen sie nicht verurteilen, aber ihren regressiven Weg zu gehen bzw. Stillstand zu teilen, will wohl überlegt sein.

Überwinder

Der neue Weg der Gemeinde ist ein Weg von gestern nach morgen, von Stagnation zu Dynamik und vom Selbsterhalt zur Selbstüberwindung. Im Bild von Raupe und Schmetterling gesprochen, ist es ein Weg vom Kriechen zum Fliegen. Diese Begriffe beschreiben eine Revolution, denn der gehabte Zustand wird komplett überwunden und nicht nur optimiert. Und „überwinden" ist dabei eines der entscheidenden Stichworte, um die es geht.

Den Überwindern sind großartige Verheißungen gewidmet. Alle sieben Sendschreiben enden mit der Aufforderung, den Zustand, in dem die jeweilige Gemeinde sich befand, zu überwinden. Wie aber sollte das geschehen? Indem sie „hören sollten, was der Geist den Gemeinden zu sagen hat!"

- ***Wer überwindet,*** *dem werde ich zu essen geben von dem Baum des Lebens, welcher in dem Paradies Gottes ist* (Offb 2,7).
- ***Wer überwindet,*** *wird keinen Schaden erleiden von dem zweiten Tod* (Offb 2,11).
- ***Wer überwindet,*** *dem werde ich von dem verborgenen Manna geben; und ich werde ihm einen weißen Stein geben*

und, auf den Stein geschrieben, einen neuen Namen, den niemand kennt, als wer ihn empfängt (Offb 2,17).

- ***Wer überwindet*** *und meine Werke bis ans Ende bewahrt, dem werde ich Macht über die Nationen geben; und er wird sie hüten mit eisernem Stab, wie Töpfergefäße zerschmettert werden, wie auch ich von meinem Vater empfangen habe; und ich werde ihm den Morgenstern geben* (Offb 2,26-28).
- ***Wer überwindet,*** *der wird so mit weißen Kleidern bekleidet werden, und ich werde seinen Namen aus dem Buch des Lebens nicht auslöschen und seinen Namen bekennen vor meinem Vater und vor seinen Engeln* (Offb 3,5).
- ***Wer überwindet,*** *den werde ich im Tempel meines Gottes zu einer Säule machen, und er wird nie mehr hinausgehen; und ich werde auf ihn schreiben den Namen meines Gottes und den Namen der Stadt meines Gottes, des neuen Jerusalem, das aus dem Himmel herabkommt von meinem Gott, und meinen neuen Namen* (Offb 3,12).
- ***Wer überwindet,*** *dem werde ich geben, mit mir auf meinem Thron zu sitzen, wie auch ich überwunden und mich mit meinem Vater auf seinen Thron gesetzt habe* (Offb 3,21).

Wir können uns ernsthaft fragen, was wir als Christenheit nach Jahrhunderten von Theologie und Kirchentum über die in diesen Versen genannten Gaben und Gnaden der Überwinder wissen? Nach so langer Zeit sollten wir ja über reichliche Erfahrung und Expertise verfügen. Lieber Leser, liebe Leserin gehe doch einmal die Verse im Einzelnen durch und frage dich, was sie dir oder deiner Gemeinde bedeuten und wie du sie erlebst oder eben nicht. Die Worte stehen nicht in der Bibel, um sie bei Gelegenheit einmal auszulegen, *sondern um das, worüber sie sprechen, zu empfangen*. Aber dafür muss man ein Überwinder sein … sonst bleibt es bei der Exegese. Die neue Gemeinde ist eine Überwindergemeinde. Für sie passt der Spruch: „Lieber auf neuen Wegen stolpern als auf alten Wegen stehen bleiben."

Von Herrlichkeit zu Herrlichkeit

Wer den Weg der Selbst- und Weltüberwindung – und leider oft auch der Gemeindeüberwindung – betreten und Prozesse der Verwandlung, die damit einhergehen, erlebt hat, der weiß, wie es sich anfühlt, komplett zerlegt und dann neu aufgebaut zu werden. Unfassbarerweise wiederholen sich diese Auflösungs- und Neuformierungsprozesse auch noch ein ums andere Mal; wir können nicht auf einen Schlag die komplette Verwandlung in das Bild Christi verkraften. Es geht über Stufen und durch Phasen von Herrlichkeit zu Herrlichkeit (2 Kor 3,18). Es ist wie der Aufstieg auf den Berg Gottes. Es gibt Zwischenlager, die erreicht werden, niemand nimmt die ganze Strecke auf einmal. Man muss sich an neue Höhen, dünnere Luft und helleres Licht gewöhnen. Dann geht es eine Etappe weiter bzw. höher.

In vielen meiner Bücher spreche ich über diese Abschnitte, z. B. über die Stufen des Erwachens und der Erleuchtung in „Das siebenfache Licht"[3] oder die Stufen der Verwandlung in meinem Buch „Initiation"[4]. Dabei habe ich festgestellt, dass die „alte Gemeinde" über diese Prozesse kaum etwas weiß und ihren Mitgliedern entsprechend wenig davon vermittelt. Setzen dann die Aufforderungen des Heiligen Geistes ein, aufzustehen und zu höheren Ebenen und durch neue Entfaltungsprozesse weiterzugehen, wissen die Gläubigen damit nichts anzufangen und machen nicht mit. Sie widerstehen dem Geist, statt ihm zu folgen, was ihn natürlich betrübt und dämpft. Davon war ja schon die Rede. Es kann aber gut sein, dass viele gar nicht wissen, was sie „Betrübliches" tun, da ihr Umgang mit dem Geist nicht kultiviert worden ist.

---

[3] GloryWorld-Medien 2022.

[4] GloryWorld-Medien 2022.

Bekehrt … und fertig!

Bei vielen Gemeinden heißt es: „Bekehrt … und fertig!" Dann wird in die Gemeinde gegangen, um diese Bekehrung nicht wieder zu verlieren und sich ein christliches Benehmen und biblische Lehre anzueignen. Für den Erhalt dieses Niveaus reicht ein relativ geringes Maß an Hingabe und „Mitmachen" aus. Vielleicht genügt das, um dereinst in den Himmel zu kommen, aber von der Herrlichkeit Gottes „wie im Himmel so auf Erden" wird nichts erfahren. Das scheint für solche Gemeinden auch in Ordnung zu sein. Ein Kapitel wie 2. Korinther 3 wird irgendwie zurechtgebogen oder übergangen. Die Mitglieder werden in der Tat um die Herrlichkeit, zu der sie berufen sind, betrogen! Es scheint für die Gemeindearbeit keine Notwendigkeit zu bestehen, all die Worte über die Herrlichkeit – und es sind viele – zu beherzigen. Es stellt für sie keine Verpflichtung dar, egal, ob die Worte im Neuen Testament stehen und definieren, wofür die Gemeinde eigentlich da ist: *Sie sollte Träger der Herrlichkeit Gottes sein* – in dem Namen Jesu und der Kraft des Heiligen Geistes. Die Herrlichkeit würde die Welt bekehren – aber nicht zu einer Religion und Gemeinde, sondern zu Jesus. Der bildet dann selbst mit ihnen *seine* herrliche Gemeinde, die nicht *unsere* herrlichkeitsfreie Gemeinde ist.

Die Besitz- und Bestimmungsrechte müssen meines Erachtens neu geklärt werden! Da die alte Gemeinde sich selbst aber nicht hergeben will – bedingungslos –, sondern sich selbst und ihre Tradition behalten will, stellt sich kein Dienst des Neuen Testamentes, welcher der Dienst des Geistes, welcher der Dienst der Herrlichkeit ist, ein. Man braucht dann auch keinen fünffältigen Dienst, womit Epheser 4 fällt, kann auf die Gaben verzichten, was 2. Korinther 12–14 in wesentlichen Teilen beschneidet. Pfingsten wird kompromittiert, ebenso der Missionsbefehl. So können wir durch das ganze Neue Testament gehen und überall die Schere ansetzen. Aber was passiert, wenn Jesus uns die Schere aus der Hand nimmt und nun seinerseits damit beginnt, *uns* zu beschneiden? Was bleibt dann von uns übrig?

Viele Gemeinden werden den heiligen Rückschnitt nicht überleben, weil kein ausreichend „gesundes Holz“ gefunden wird, egal wie weit man runterschneidet. Man muss manchmal radikal Schluss machen, um neu anfangen zu können – ganz von vorne.

Ernüchterung

Wer immer die „alte“ Gemeinde verlässt, erfährt außerhalb von ihr eine „Ernüchterung“. Es ist häufig so, als werde ein Schleier weggenommen und eine Art Wachhypnose beendet. Oder, um es mit Paulus zu sagen, der in voller Überzeugung unterwegs war, mit Verfolgung und Mord den „Willen Gottes“ zu vollbringen und der Synagoge zu dienen: „Es fällt einem wie Schuppen von den Augen“. Und das kann ganz schön schockierend sein. Auf einmal beginnt man, vieles zu erkennen und zu verstehen, für das man innerhalb der „Box“ keinerlei Wahrnehmung hatte.

> *Werdet wieder nüchtern und lebt, wie es Gott gefällt. Ich muss zu eurer Schande sagen: Einige von euch kennen Gott nicht* (1 Kor 15,34 GNB).

> *Werdet doch wieder richtig vernünftig und ladet vor allem keine Schuld auf euch! Denn ich muss es zu eurer Beschämung sagen: Manche haben gar kein Verständnis von Gott* (1 Kor 15,34 DBU).

Das erste Ziel der „Ernüchterung“ ist, zu erfassen und zuzugeben, *dass wir Gott nicht kennen*. Das war, was Paulus in seiner Begegnung mit Jesus, die ihn „von den Füßen geholt hat“ lernen musste. Er fragte: *„Wer bist du, Herr?“* Seltsamerweise wird *diese Frage* innerhalb der kirchlichen Strukturen nicht gestellt. Man behauptet, man wüsste genug darüber, wer der Herr ist … *ohne ihn zu kennen* bzw. ohne „Verständnis von

Gott" zu haben. Das zu erkennen, war für Paulus, einen hochgebildeten Pharisäer und anerkannten Schriftgelehrten, wahrlich niederschmetternd.

Die Entdeckung, selbst nach vielen Jahren Gemeindebesuch und bemüht christlichem Verhalten, wie es die Gemeinde verlangt, weder den Vater noch den Heiligen Geist noch Jesus *wirklich* zu kennen, sondern hingehalten worden zu sein, ist ein Schlag ins Gesicht. Die Beschämung darüber geht mit der Ernüchterung Hand in Hand.

Leider kann die Erkenntnis: „Wir haben uns was vorgemacht, und leider nicht nur uns, sondern auch anderen!", so hart ausfallen, dass es in Bitterkeit endet und zu einer Abkehr von Gott führt, der gar nichts dafür kann. Heute wandern die Leute hierzulande reihenweise aus den Kirchen aus; sie haben dort keine Erfahrung mit Gott gemacht, sondern mit Religion.

Religion: dem Gott dienen, der nicht da ist

Tatsächlich leben Religionen davon, dass Gott „nicht da" oder „weit weg" ist. In seiner Abwesenheit regeln die religiösen Verwalter für ihn die Geschäfte ...

Für die Synagoge war es erstaunlicherweise nicht erfreulich sondern traumatisch, dass Jesus, ihr Messias, auf einmal tatsächlich zu ihnen gekommen war. Das durfte nicht passieren, war nicht vorgesehen und brachte alles durcheinander. Er korrigierte unentwegt ihre falsche – religiöse – Schriftauslegung, die Gott konsequent aus dem „Geschäft" raushielt, während sie sich die Ehrenplätze teilten und „den Menschen schwere Lasten aufbürdeten, die sie selbst mit keinem Finger anrührten" (s. Mt 23,4). Sie waren eben eine Klasse für sich, nicht wie der „Pöbel", dem ein „strenger Gott" verkauft wurde, der mit Argusaugen die penible Einhaltung einer Menge von Geboten verlangt, die sie noch weiter ins gänzlich Unerfüllbare und völlig Unmenschliche überhöhten. Jedem Wort der Schrift wurden Mengen an „Auslegungen" hochangesehener Rabbiner hinzugefügt, bis das eigentliche Wort kaum mehr zu erkennen war. So entstand die mächtige „Tradition“, welche zum bestimmenden Faktor wurde. Sie ist ein riesiger, monströser Ballast, weitergetragen von Generation zu Generation und stets erweitert von unzähligen Theologen, deren Fakultäten und Institutionen, die von ihren „Untertanen“ bezahlt werden, die abhängig sind von ihrer „heiligen Ordonanz“.

An dieser Situation hat sich nichts geändert, die Schriftgelehrten von damals sind die Kleriker von heute. Vor lauter historisch-kritischer und „wissenschaftlicher“ Arbeit ist vom „Wort“ nicht viel übriggeblieben. Die Gemeinde ist in der Regel voll beschäftigt mit allem anderen, nur nicht mit Jesus. Jedenfalls nicht mit dem echten Jesus, sondern dem theologisch domestizierten Kirchen-Jesus, der von dem Jesus aus den Evangelien so weit weg zu sein scheint, dass ihn viele Gemeinden, so fürchte ich, genauso wenig (an)erkennen würden, wenn er zur Tür hereinkäme, wie seinerzeit die Synagogenvorsteher. Er würde nicht ins theologisch korrekte Profil passen und womöglich eine Peitsche dabeihaben, um unser Gemeindehaus in gleicher Weise aufzuräumen wie damals den Tempel zu Jerusalem, denn er sollte „ein Haus des Gebets“ sein und kein Geschäft.

> *Kaum hatte Jesus den Tempel betreten, da begann er, die Händler hinauszujagen, und rief ihnen zu: „Ihr wisst doch, was Gott in der Heiligen Schrift sagt: ‚Mein Haus soll ein Ort des Gebets sein, ihr aber habt eine Räuberhöhle daraus gemacht!‘“* (Lk 19, 45-46 HFA)

Überprüfen wir uns selbst und unsere Gemeinde daraufhin, wie zentral das Gebet steht oder eben nicht, kann das zu weiterer Ernüchterung führen. Für die „neue Gemeinde“ ist das Gebet der zentrale Dreh- und Angelpunkt von allem. *Denn sie lebt ja einen Dialog mit dem Geliebten.* Das komplette geistliche Leben ist gegründet in Gebet, und das Gemeindeleben ist Ausdruck desselben. Darum kann keine Gemeinde der anderen gleichen wie am Fließband produziert. Jesus spricht mit jeder Gemeinde individuell, wie wir das exemplarisch an den sieben Sendschreiben in der Offenbarung sehen können. Wiederum gilt: *„Wer ein Ohr hat, höre, was der Geist den Gemeinden zu sagen hat!“* Dabei wird der Punkt, an dem wir „genug gehört haben“ niemals eintreten.

Die stereotype Antwort, die die neue Gemeinde den Gemeindegliedern auf die meisten ihrer Fragen gibt, lautet zuerst: „Frag Jesus doch selber!“ Es ist nicht die Aufgabe der Theologie, auf alles eine Antwort zu haben, sondern die Gemeinde am Fragen zu halten und an Jesus zu verweisen. Er ist ja auferstanden, lebt und fordert uns auf, zu ihm zu kommen – mit *allen* unseren Fragen und *allen* unseren Sorgen, Anliegen und Situationen. Er IST die Antwort auf alle Fragen betreffs Himmel und Erde, Gott und Mensch, Zeit und Ewigkeit in Person – und hat immer Sprechstunde! Welch eine Entlastung für die Pastoren!

Ritual ohne Beziehung

In einem Artikel zum Thema „religiöser Geist“ von E. Leo Lawson, Jr. heißt es:

> Jesus weist auf eine charakteristische Nebenwirkung des religiösen Geistes hin: *Ritual ohne Beziehung*. Äußerliche Formen, die hohl und ohne eine innere Beziehung zu Gott sind. Das ist, was Jesus „Heuchelei“ nennt. Das von Jesus benutzte Wort stammt ursprünglich aus dem griechischen Theater. Es beschrieb Schauspieler, die nicht wirklich mit ihren Rollen eins waren. Daraus resultierten die Begriffe „Schau-Spiel“, „Verstellung“ und „Heuchelei“. Heuchler sind demnach im Inneren etwas anderes, als sie äußerlich darstellen. Dies ist eine klare Manifestation des religiösen Geistes! Menschen, die sich ihm hingeben, mangelt es an Integrität. Sie sind eben Heuchler. Jesus nennt die Pharisäer Heuchler und zitiert Jesaja 29,13 mit dem Hinweis darauf, dass Jesaja damit vor 700 Jahren schon über sie – die Pharisäer prophezeit hat.
> Heuchler! Treffend hat Jesaja über euch geweissagt, indem er spricht: *„Dieses Volk ehrt mich mit den Lippen, aber ihr Herz ist*

weit entfernt von mir. Vergeblich aber verehren sie mich, indem sie als Lehren Menschengebote lehren" (Mt 15,7-9).
Sie hatten Rituale ohne Beziehung. Obwohl die Sekte der Pharisäer in den Tagen Jesajas noch gar nicht existierte, sagte Jesus dennoch, dass Jesaja über ihre Art weissagte. Jesus identifizierte einige Kennzeichen ihrer Heuchelei mit denjenigen, über die Jesaja seinerzeit geschrieben hatte. Schauen wir uns einmal einige dieser Symptome des religiösen Geistes näher an, die wir in den Aussagen Jesu und in Jesajas Beschreibungen finden können:

1. Die äußerliche Richtigkeit ist wichtiger als die Innere. Das zeigt sich in der Frage der Pharisäer, deren Herz fern von Gott war, danach: „Warum essen deine Jünger mit ungewaschenen Händen?" (s. Mk 7,5).
2. Ein Heuchler ist jemand, der nach außen das eine ist und im Inneren etwas anderes. Jesus sagte: „Heuchler, die mich mit ihren Lippen ehren, während sie ihr Herz fern von mir halten" (s. Mk 7,6).
3. Die grundlegenden Prinzipien werden übergangen, indem ihre Anwendung überbetont wird. Jesus reagiert auf die Fragen der Pharisäer mit einer Gegenfrage: „Warum übergeht ihr selbst das Wort Gottes für eure Traditionen?" (s. Mt 15,3).
4. Das Wort Gottes und die Tradition werden als gleichwertig betrachtet. Weil die Pharisäer dem Wort Gottes nicht folgten, sagt Jesus ihnen: „Auf diese Weise habt ihr durch eure Traditionen das Wort Gottes ungültig gemacht" (s. Mt 15,6).
5. Der religiöse Geist verurteilt die, die nicht seine Traditionen (z. B. irgendein Kirchendogma) hochhalten. Die Pharisäer fragten: „Warum brechen deine Jünger die Tradition der Ältesten?" (s. Mt 15,2).
6. „Ihr trennt euch von dem Wort Gottes, indem ihr seinen Herrschaftsanspruch an euch zurückweist." Jesus reagiert darauf mit einer ganzen Reihe von Klagen im Stil von Markus 7,8: „Das Wort Gottes ablehnend, haltet ihr zu den Traditionen der Menschen!"

7. Der religiöse Geist übergeht das Wort Gottes, um (fromme) menschliche Traditionen zu praktizieren. „Trefflich hebt ihr das Gebot Gottes auf, damit ihr eure Überlieferungen haltet" (s. Mk 7,9).
8. Das Wort Gottes wird ungültig gemacht: „So tut ihr, indem ihr das Wort Gottes ungültig macht durch eure Überlieferungen, die ihr überliefert habt. Und Ähnliches dergleichen tut ihr viel" (s. Mk 7,13).
9. Rituale ohne Beziehung zu Gott. „Dieses Volk ehrt mich mit den Lippen, aber ihr Herz ist weit entfernt von mir. Vergeblich verehren sie mich (so)" (s. Mk 7,6).
10. Das Herz ist nicht bei der Sache! „... ihr Herz ist weit entfernt von mir."
11. Der Lobpreis ist nur leere Worte ohne Herz.
12. Das Verhalten an der Tradition bzw. Überlieferung zu orientieren und nicht an Gottes Weisung. „Vergeblich aber verehren sie mich, indem sie als Lehren Menschengebot lehren" (s. Mk 7,7).

Auch wenn menschliche Autoritäten religiösen Ritualen große Bedeutung beimessen, macht Jesaja 29 klar, dass Gott die Heuchler, die in ihrer Anbetung Ritual vor Beziehung gesetzt haben, für ihre Entscheidung verantwortlich macht.[5]

Heuchelei

Das Wesen der Heuchelei ist das Wesen der Religion. Es wird heilig getan, ohne heilig zu sein. Das Leben im Gottesdienst und das Leben zu Hause sind nicht deckungsgleich, sondern

---

[5] Leo Lawson, Jr. arbeitet in der missionarischen Studentenarbeit und ist Dekan an der *Victory Campus Ministries' Graduate School of Campus Ministry.* Zusammen mit seiner Frau Patricia hat er über 300 Studentenmissionare trainiert, die in den USA und der ganzen Welt tätig sind. Dieser Artikel ist entnommen aus dem Buch „Freedom from the Religious Spirit" von C. Peter Wagner, erschienen 2005 bei *Regal Books,* Ventura, Kalifornien, USA. Der Originaltitel: „Personal Freedom from the Spirit of Religion". Deutsche Übersetzung: Frank Krause.

unvereinbar miteinander. Es gehört zur großen Ernüchterung, festzustellen, dass Jesus kein Interesse an Religion hat und sein Augenmerk vielmehr auf unser Zuhause legt als auf unsere Gottesdienste. Denn zu Hause sind wir die, die wir sind, dort *leben* wir. Also will Jesus bei uns zu Hause einziehen und mit uns den Alltag zum Heiligtum machen. Vielleicht kommt er sogar mit zum Gottesdienst ...

Dementsprechend hat die neue Gemeinde einen instinktiven Vorbehalt gegenüber veranstalteter Religion und verlegt ihre Treffen lieber in die Häuser der Mitglieder und mietet für größere Events den Saal einer örtlichen Gaststätte oder eine Stadthalle an. Es muss kein extra Gemeindehaus gebaut werden, was unbewusst die gewohnte Trennung zwischen Heiligem und Profanem nährt.

> *Haltet deshalb die Hüften umgürtet*[6] *in eurem Bestreben,*
> *behaltet einen klaren Kopf*
> *und hofft voll und ganz auf die Gnade,*
> *die auf euch kommt, wenn Jesus der Messias sich offenbart.*
> *Als gehorsame Kinder dürft ihr euch nicht anpassen*
> *an die früheren Begierden in (der Zeit) eurer Unwissenheit,*
> *sondern dem Heiligen entsprechend, der euch gerufen hat,*
> ***sollt auch ihr euch als Heilige erweisen***
> ***im ganzen Lebenswandel!***
> *Deshalb steht geschrieben: „Heilige sollt ihr sein,*
> *denn ich bin heilig“* (1 Petr 1,13-16 JdM).

Der Fokus der neuen Gemeinde liegt nicht mehr auf Veranstaltungen, auch wenn es diese natürlich gibt, sondern auf der „gesamten Lebensführung“. *Ganz oder gar nicht!, Alles oder nichts!,* ist die Devise. Heiligkeit ist keine Zumutung, sondern göttlich. Wer mit der Göttlichkeit Jesu in Berührung kommt, wird keine Lust mehr auf das religiöse Imitat der Scheinheiligkeit haben, sondern will unbedingt tiefer in die Göttlichkeit

---

[6] Die Hüften umgürtet zu haben, ist ein Sinnbild für Einsatzbereitschaft.

hineingehen und von ihr verwandelt werden. Der menschliche Gott verwandelt uns in göttliche Menschen.

Ein neuer Bund

Um mehr von der herrlichen Heiligkeit bzw. heiligen Herrlichkeit zu bekommen, stellen Menschen der neuen Gemeinde Gott zur Verfügung, was sie haben: das Auto, die Garage, Haus und Garten, ihren Computer und die gemütliche Couch … *alles* kann der Heiligkeit dienstbar sein. Man muss nur danach fragen und kann dann darüber staunen, was der Heilige Geist über die Möglichkeiten selbst der einfachsten und profansten Dinge zeigt. Darum fühlt die neue Gemeinde sich nicht arm, sondern reich. Jeder Tag ist eine Gabe von gewaltigem Potenzial. Wird Gott einbezogen, geschehen Wunder.

Die neue Gemeinde *ist* ein Wunder und *lebt* das Wunder. Ein Tag ohne das Wunderbare ist ungewöhnlich und seltsam, genau wie es umgekehrt zuvor seltsam und ungewöhnlich war, dass Wunder geschehen. Wir sehen daran, dass vieles sich in sein genaues Gegenteil kehrt. Was der religiösen Gemeinde undenkbar ist und völlig unglaubhaft erscheint, ist für die neue Gemeinde ihr tägliches Brot. Für sie ist der „abwesende Gott" – was in der Konsequenz die Abwesenheit der Zeichen und Wunder, der Salbung des Heiligen Geistes mit ihren Gaben, Diensten und Wirkungen, der Herrlichkeit, der übernatürlichen Kraft und den Dimensionen das fünffältigen Dienstes bedeutet – undenkbar. Wie sollte die Gemeinde ohne das alles der Leib Christ und noch mehr, die Braut Christi sein können, wenn Gott „weit weg" ist? Das Bild der Braut ist das Bild der Intimität. Es geht um das Ende der Entfremdung, der geistlichen Verwaisung und Gottesferne und den Anfang einer neuen VerBUNDenheit

*Jetzt aber, **in Christus Jesus**, seid ihr, die ihr einst fern wart, durch das Blut des Christus **nahe geworden*** (Eph 2,13).

Der „Neue Bund“ in Christi Blut ist so nah, dass wir *in ihm* sind und er *in uns*. DAS ist auch die einzige Möglichkeit, in all die genannten Aspekte der Wunder, der Salbung und Herrlichkeit einzutreten. *In ihm* sind wir überall dabei, wo er hingeht, und beteiligt an allem, was er tut. Genau wie er andersherum überall dabei ist, wo wir hingen und an allem beteiligt ist, was wir tun. Das ist der Bund.

Zu den Aspekten der „neuen Gemeinde“ gibt es viel zu sagen. Zahllose neue Bücher werden geschrieben, Konferenzen abgehalten und Vorträge gehalten. Fraglos wurden in jedem Punkt – und auch was den fünffältigen Dienst betrifft – Fehler gemacht und manche Irrwege eingeschlagen. Solche Fehltritte wurden von der alten Gemeinde riesig aufgebläht und als Beweise dafür hergenommen, dass man von alledem besser die Finger lassen sollte. Aber sie selbst ist maßgeblich schuld an den Fehlentwicklungen, denn sie hat ja versäumt, einen gesunden Grund zu legen und die Gläubigen auf ihrem Weg zu geistlicher Reife im Umgang mit dem Übernatürlichen zu begleiten. Entsprechend hat es allerlei egozentrische und elitäre Auswüchse gegeben. Manche Dienste der neuen Art sind kometenhaft aufgestiegen, nur um dann auszubrennen und ebenso schnell wieder abzustürzen. Aber selbst das hat Gott genutzt, um die Aufmerksamkeit der Gemeinde auf ihre blinden Flecken und verleugneten Anteile zu richten.

Wofür wir kämpfen

Noch ein wichtiger Punkt: Die neue Gemeinde kämpft nicht gegen die alte. Ihre Orientierung ist nicht eine Art „Feindbild“ der alten Gemeinde, sondern Jesus. Er füllt zusehends den Horizont, und die Aufmerksamkeit geht von den Gemeindefragen weg hin zu IHM. Zeigt er uns, dass wir bleiben sollen, bleiben wir, zeigt er uns, dass wir gehen sollen, gehen wir. Alles wird mit ihm besprochen.

Stellt euch vor, der Herr weckt euch eines Nachts auf und sagt: „Komm hier herauf und ich werde dir die Gemeinde zeigen." Du erwartest, dass er dich jetzt die Straße hinunter bringt zum Gemeindezentrum etc. oder quer durchs Land, dorthin, wo die Massen sagen, dass sie Erweckung erleben; doch stattdessen merkst du, die Erde hinter dir lassend, wie du hoch in die Luft getragen wirst, und in einem Augenblick reist du über die Grenzen des zeitlichen Universums hinaus und in das geistliche Reich hinein, mit Christus an himmlische Orte versetzt, dort im Thronraum Gottes.
Dort mit dem Herrn sitzend und hinunter auf die Welt blickend, finden wir heraus, dass aus dieser Perspektive alle Kathedralen, Kirchengebäude, Lobpreiszentren, Heiligtümer, Organisationsgebäude der Konfessionen, Seminare, die Zehnten und die Opfer, Mitgliedsdatenbanken, Bewegungen ... sie alle verschwinden aus der Sicht. Alles schmilzt weg. Er sieht nicht die evangelische Kirche, die Baptisten, die Methodisten, die Lutheraner, die Presbyterianer oder die römisch-katholische Kirche. Er sieht nicht die Pfingstler, die Charismatiker, die Fundamentalisten, die Christlich-Konservativen oder die Religiöse Rechte. Er sieht die Gebäude, die religiösen Zusammenkünften gewidmet sind, nicht als bedeutender oder außergewöhnlicher an als andere Gebäude.
Er sieht Pastoren, ja – doch seltsamerweise sieht er nicht jeden Vorstand einer gemeinnützigen Organisation, die ein Gebäude besitzt, das für religiöse Zusammenkünfte bestimmt ist, als einen Pastor. Und nicht nur die Pastoren sehen anders aus von unserem himmlischen Beobachtungsposten. Alles sieht eigenartig aus. Irgendwie rückwärts. Apostel sind nicht dort, wo du sie erwarten würdest, und sie tun nicht, was sie unserer Meinung nach tun sollten – genauso wenig wie Propheten, Evangelisten oder Lehrer. Und doch sind sie genau dort, wo ER sie haben will, und tun genau das, was ER ihnen zu tun befohlen hat. Interessanterweise sorgt ER sich nicht um einen Zuwachs oder Rückgang an Kirchenbesuchern, weil er die Kirche nicht als etwas sieht, was besucht werden kann. Hm ...
Wenn wir nah bei ihm stehen, sehen wir, wie ER sieht. Wir erkennen, wenn wir auf das Christentum schauen, dass Gott einzig seine Kirche, die Ekklesia, dort sieht. Er erachtet die, die in ihm bleiben,

die den Sohn haben, als jene, die Leben haben. Seine Kirche hat keinen Rückgang, sie wächst, denn Leben kann nicht eingedämmt oder begrenzt werden. Seine Ekklesia ist außerhalb der Matrix. Seine Kirche ist geistlich und als solche ewig, Zeit und Raum überschreitend. Gerade so wie er und sein Handeln es sind.

Du schaust auf in sein Gesicht und siehst sein Lächeln, also folgst du seinem Blick – und dort sind sie – die lebendigen Steine und kostbaren Edelsteine, aus denen seine Kirche, seine Gemeinde besteht. Zuvor konntest du sie nicht sehen, weil du auf Erden mittendrin warst. Doch nun, weit entfernt von allem und aus der Sicht des Herrn hinunterschauend, erkennst du, dass die lebenden Steine zusammengefügt werden zu einem großartig glänzenden, schimmernden und schillernden Gebäude, das die ganze Erde bedeckt! Ein Engel steht neben diesem Gebäude und ruft: „100 % rein, nie von menschlicher Hand berührt!"

Du schaust näher hin und entdeckst, dass die Steine und Edelsteine nicht wirkliche Steine und Edelsteine sind, sondern Menschen! Wundervolle, wunderschöne, freudenerfüllte Leute, miteinander verbunden zu einem Mosaik kraftvoller Farben, ein Wandteppich von verwobener Schönheit, ein Potpourri einzelner Menschen in perfekter zwölfstimmiger Harmonie, alles pulsierend von seinem Herzschlag, seinem Leben, seinem Wesen. Du fängst an zu weinen angesichts der unverfälschten Reinheit und Einheit des Ganzen. Es ist kein Fleck, keine Falte oder ein Makel zu finden.

Gott allein ist in der Lage, etwas so hinreißend Großartiges zu machen. Nur Gott. Nur Gott. Und dort, inmitten dieses wundervollen Ortes, siehst du, was ihn so glanzvoll und prächtig macht ... Dort ist ER, er geht inmitten seines Tempels umher und baut lebenden Stein auf lebenden Stein, kostbaren Edelstein auf kostbaren Edelstein, und was hörst du? Gesang? Ja. Die lebendigen Steine rufen aus in Lobpreis. Und Er lächelt und – pfeift! – während er arbeitet.

Jesus baut seine Gemeinde.[7]

---

[7] Chip Brogden, aus dem Artikel „Escape From Churchianity", https://theschoolofchrist.org/escape-from-churchianity, Übers.: Frank Krause.

Kapitel 10

Dem Neuen eine Chance geben

Schaut nach vorne, denn ich will etwas Neues tun!
Es hat schon begonnen, habt ihr es noch nicht gemerkt?
Durch die Wüste will ich eine Straße bauen,
Flüsse sollen in der öden Gegend fließen.

Jesaja 43,19 HFA

Solange die Gemeinde in den Strukturen und dem Geist Roms gefangen ist wie einst Israel in dem Reich Ägypten, braucht sie eine Befreiung hin zu den Strukturen und dem Geist Christi. Viele „Geister" haben sich durch die Geschichte hindurch der Kirche bemächtigt, aber die Einverleibung der Gemeinde in die römische Hierarchie unter Kaiser Konstantin war wohl die größte und prägendste davon. Bis heute ist in den Köpfen der Menschen das Christentum eine kirchliche Veranstaltung, geführt von ordinierten Akademikern (dem Klerus mit Beamtenstatus), die die „Laien" durchs Programm (Liturgie) führen und sie in religiösen Angelegenheiten verwalten. Sie haben die Macht über die Sakramente und „regeln" alle religiösen Aufgaben professionell. Gegen eine Gebühr ...

Alles auf Anfang

Das religiöse Prozedere findet vorwiegend sonntags zwischen 10.00 und 12.00 Uhr statt, und das in extra Gebäuden und nicht zu Hause, wo wir leben. Alles atmet Künstlichkeit und Aufgesetztheit. Die Sprache klingt seltsam, die Lieder sind uralt, die Besucher schauen der Vorführung der Profis zu.

Ist der Gottesdienst vorbei, geht es zurück in das „normale" Leben, in dem Gott nicht auftaucht und genau wie wir auf den kommenden Sonntag warten muss, um wieder „veranstaltet" zu werden.

Von unserer so geprägten Gottesdienstkultur finden wir in den Evangelien freilich nichts, auch in der Apostelgeschichte und dann in den Briefen nicht. Jesus ging zu den Leuten nach Hause, er unterhielt kein „Jesuszentrum", das man zu Veranstaltungen „besuchte".

Das „Neue" ist eigentlich das „Erste". Es geht wesentlich um die Rückkehr zu den Ursprüngen und Wurzeln, die zeitlich vor Rom und „in Christus" liegen. Der fünffältige Dienst hat es zur Aufgabe, uns in die an sich zeitlose Realität des Reiches Gottes zu versetzen. Was so lange her scheint, dass nur noch historisch-kritisch aufgearbeitete Mythen und Märchen davon übrig sind, ist in Wahrheit „jetzt und hier". Das Kreuz, das Blut, die Auferstehung, die Himmelfahrt, der Thron und die Ausgießung des Heiligen Geistes mit Sturm und Feuer, das kann, soll und muss jeder selbst erleben – heute wie damals! Das ist alles für jeden persönlich und die Gemeinde als Ganzes gültig und in Kraft, berühr- und erfahrbar – für jeden, der sich darauf einlässt.

Der Heilige Geist macht uns das Wort Gottes lebendig und er macht uns zu Türen hinein in die geistlichen Wirklichkeiten, von denen es spricht. Gottesdienste in der gewohnten Form verschwinden, das Leben in der Gegenwart Jesu dehnt sich aus, bis jeder Tag ein Gottesdienst ist und sich die Kraft Gottes in all den Zeichen auswirkt, die von Jesus im Missionsbefehl genannt wurden. Das ist aufregend und abenteuerlich, herausfordernd und selig. Das ist „neu" ...

Bricht das Reich Gottes also in ungewohnter Weise in das reale Leben und den Alltag ein, dann stellen sich unendlich viele Fragen, wie denn damit umzugehen ist. Gewohnt an die alten Strukturen sind viele geneigt, den neuen Wein in die alten Schläuche zu füllen, aber diese sind dafür nicht geeignet (Lk 5,37-38). Nicht wenige, die es versucht haben, den „alten" Gottesdienst etwas „charismatisch" aufzupeppen, sind damit baden gegangen. Zunächst ließ sich das eine und andere irgendwie in das Veranstaltungstum integrieren und vom Klerus kontrollieren, aber dann begann es, die Gemeinde zu verwandeln und herauszufordern, sich von Rom endgültig zu verabschieden und Jesus hinzugeben, die Kirchenbank zu verlassen und in Bewegung zu kommen, unbekannt Wege zu gehen und den Horizont zu dehnen.

Weitergehen, weitersehen, weiterdenken

Zum Thema „Dehnung" bzw. „Erweiterung", was ein Kennzeichen der neuen Gemeinde ist, hat mir Jesus Folgendes gesagt:

> Ihr könnt weitergehen, weitersehen, weiterdenken. Die Grenzen dehnen sich und geben vor euch nach. Nun erweitert sich euer Gebiet. Ihr könnt weitergehen, weiter handeln, weiter verfügen. Größere Weite, größere Vision, größere Gedanken. Dies wird der Schlüssel sein: Die Erweiterung ist in euch. Sie ist euch bereits gegeben und wird durch euch wirksam. Es ist Substanz dahinter und darin. Da ist wirklich Boden unter euren Füßen.
>
> Jetzt ist Erweiterung, jetzt der größere Ausblick und die größere Vollmacht, damit umzugehen. Ihr seid an Grenzen gegangen und dort nicht stehen geblieben. Ihr habt Grund gewonnen und dies ist Freude. Nun habt ihr etwas zu geben und an Erbe auszuteilen. Ihr geht in eine Bestimmung hinein, die „Beute" macht, die Erbe austeilt, die erobert und verteilt. Ihr weicht nicht zurück, und ihr bleibt im Gebet! Seid vorsichtig im Umgang miteinander!

Selbstlosigkeit nicht vergessen! Grenzen der Enge, in der ihr euch alle befunden habt, weichen vor euch zurück und geben Raum. Das ist Anlass zu großer Hoffnung. Ihr erkennt das noch gar nicht. Es wird aber unweigerlich deutlicher werden und sich in vielerlei Auswirkungen zeigen. Dann kann man euch nicht einfach abtun, weil ihr Substanz und Kraft habt. Mehr als viele andere zusammen. Ihr könnt größer sein und gewichtiger als eine ganze Nation!

Bleibt ihr im Gebet, werdet ihr mehr Geschick zu lenken und zu bestimmen lernen, als ihr für möglich haltet. Ich habe euch vieles zu zeigen und vieles zu lehren! Ihr seid ganz am Anfang der Erfahrung, dass ich der Herr bin, der alle Macht im Himmel und auf Erden hat. Und der euch sendet. Bleibt im Gebet und hütet euch vor Unzufriedenheit und Hochmut. Seid ihr stark in mir, dann seid ihr wirklich stark.

Viele reden über Stärke und haben keine. Viele Reden über Vieles und haben nichts davon. Sie erwarten auch nicht, es zu haben. Ihr Glaube gebiert keine Substanz. Er bleibt beim Reden stehen. Ihr aber geht in die Wirklichkeit des Wortes, in die Wirklichkeit von mir hinein und entdeckt die Geheimnisse des Reiches Gottes im Heiligen Geist. Ihr solltet euch sehr freuen, dass ihr euch zum Gebet treffen könnt, denn es ist nicht – wie bei so vielen Gemeinden – das Beiwerk. Nein, es ist die Hauptsache. Der Mittelpunkt. Habt ihr den, dann ordnet sich alles stimmig darum herum an wie von selbst. Hat eine Gemeinde keinen Mittelpunkt, dann gibt es auch keine sich selbst generierende Ordnung. Alles strebt in seine eigenen Richtungen und versucht selbst einen Mittelpunkt zu bilden. Eine solche Gemeinde zusammenzuhalten, ist viel vergeblicher Aufwand.

Anbetung ist der wahre und richtige Mittelpunkt. Sie hat mich selbst zum Mittelpunkt und von mir her ordnet sich alles harmonisch und synergetisch an.

- Im Gebet könnt ihr Größe gewinnen – meine Größe.
- Im Gebet könnt ihr Schönheit gewinnen – meine Schönheit.
- Im Gebet könnt ihr Freude gewinnen – meine Freude.
- Im Gebet könnt ihr Freiheit gewinnen – meine Freiheit.

Und so weiter.

So ist die Gemeinschaft der Heiligen einem Rad gleich, welches mich in der Mitte hat durch Anbetung in Geist und Wahrheit. Und alle Speichen nehmen dort ihren Ausgang und bilden das Rad, welches meine Herrlichkeit überallhin bringt. Eine Gemeinde ist gedacht als ein Rad. Ein Rad ist dazu da, zu rollen. Bewegung. Gesammelt in eine Richtung. Da die „normale" Gemeinde nie durch Gebet gesammelt ist, kommt sie nie in die Einheit des Rades und auch nie voran. Das ist der Vorteil von Diensten. Sie sind von vornherein festgelegt, sich für *ein* Ziel und *eine* Aufgabe zu bewegen. Jeder, der dazukommt, weiß das. Wer in die Gemeinde kommt, weiß das nicht. Ja, jeder sollte in einen Dienst integriert werden, so der Plan, aber das klappt nicht. Es klappt nur, wenn jeder in ständiges Gebet eintaucht und so von mir seine Schritte gelenkt werden. Dann füge ich ihn ein. Aber davon versteht ihr nichts. Ihr wollt es menschlich organisieren, was nicht klappt. Nichts klappt, ohne mich unentwegt zu suchen und zu fragen.

Freiheit

„Wo der Geist des Herrn ist, da ist Freiheit", heißt es in 2. Korinther 3,17, und Jesus bescheinigt ihm, dass *„er weht, wo ER will"* (Joh 3,8). Genau an diesem Punkt ist die Bruchstelle zur institutionellen Kirche, denn sie arbeitet daran, selbst die Regie zu übernehmen und sowohl Gott als auch die Gläubigen, sowie das komplette geistliche Leben zu definieren, zu normieren, zu kontrollieren und für ihre „mildtätigen" Zwecke zu instrumentalisieren. Alle, inklusive Jesus und der Heilige Geist, müssen sich an die Regeln halten! Ihnen wird zugewiesen, wann sie etwas sagen und tun dürfen. Sollte der Geist etwas vom Programm Abweichendes tun wollen, wird regelmäßig nicht das Programm korrigiert, sondern der Geist.

Für diejenigen, die ein Gespür für den Geist haben, ist diese Situation sehr schwer zu ertragen. Denn unentwegt wird der Heilige Geist, den wir so dringend brauchen, um der Leib Christi sein zu können und Jesus zu verkörpern, gedämpft und betrübt.

> *Und betrübt nicht den Heiligen Geist Gottes, mit dem ihr versiegelt worden seid auf den Tag der Erlösung hin!* (Eph 4,30).
>
> *Unterdrückt nicht das Wirken des Heiligen Geistes* (1 Thess 5,19).

Wie man sich nach dem Geist richtet und mit ihm kooperiert, wie er die Gemeinde in den Leib Christi verwandelt – das haben wir nicht gelernt und kriegen es nicht in den Griff. Das ist uns neu. Es steht nicht im Katechismus und unsere Pastoren lehren es uns in der Regel nicht. Denn es wäre ja das Ende der Kirche, wie wir sie kennen, und würde uns in eine verwandeln, die wir nicht kennen. Viele Leiter wissen nur und vertreten vehement, dass es den Heiligen Geist betrübt, wenn wir uns ihnen nicht unterordnen. Dass sie der Chef sind, muss klar und von Gott so gewollt sein, sonst wären sie ja nicht auf diesen Posten gekommen. Vor allem gegenüber denen, die aus der Reihe tanzen, wird das deutlich herausgestellt. Der Leiterschaft nicht gehorchen, bedeutet, Gott nicht gehorchen. Es ist ein Sakrileg.

Wie oft wir den Heiligen Geist unterdrücken und betrüben, ohne es überhaupt zu merken, wird im großen Gericht am Ende der Zeit sicher ein gewichtiges Thema sein. Eine Gemeinde, die faktisch und praktisch auf seine Gaben, Dienste und Wirkungen verzichten kann, um einer eigenen Agenda zu folgen, die im Wesentlichen nichts mit dem Geist, „der der Herr ist“ (2 Kor 3,18), zu tun hat, und ihm keinen Raum gibt, was soll das werden?

Der Geist macht lebendig, und das Leben ist zu lebendig, um sich in Satzungen sperren zu lassen. Für die Pharisäer war Jesus einfach nicht zu greifen. Er war unverschämt frei und lies sich von ihnen weder einschüchtern noch fangen. Seine Auslegung – besser gesagt, seine „Anwendung“ der Worte Gottes –, war konträr zu ihrer. Sie redeten von Religion, er vom Reich Gottes; sie von Kontrolle, er von Freiheit.

Die Macht des Systems vs. die Macht Gottes

Die Situation der berühmten Heilung des Gelähmten in Lukas 5, wo die Freunde ihn durchs Dach vor die Füße Jesu hinunterließen, hat mich stets sehr bewegt. Ich will sie einmal etwas auf die heutige Zeit übertragen, um zu veranschaulichen, wie schwer es der Heilige Geist hat, gegen den systemischen Widerstand des institutionellen religiösen Systems anzukommen.

Da heißt es, die Pharisäer und Gesetzeslehrer waren von überall her angereist. Sie wollten Jesus weiter „überprüfen", woher er seine Freiheit hatte und seine Lehre hernahm und wie sie ihn der Ungesetzlichkeit überführen konnten, um endlich wieder die Ruhe und Ordnung herzustellen, die Jesus ständig störte. Denn es waren ja nicht sie gewesen, die ihn ausgebildet und lizensiert hatten, also war er „wild" unterwegs, ein klassischer Sektierer. Entsprechend werden wohl auch die Sektenbeauftragten und einige Pressevertreter vor Ort gewesen sein. Kein einfaches Publikum ...

Aber dann heißt es: *„Und die Kraft des Herrn war da, damit er (Jesus) heilte."* Ich habe mich immer gefragt, ob ich das wohl bemerkt hätte. Die Menge des anwesenden Klerus schien es ja nicht wahrgenommen zu haben, sie ließen die Freunde mit ihrem Gelähmten nicht einmal in die Versammlung eintreten, sondern draußen stehen. Sie waren schließlich wichtiger als dieser Pflegefall. So viel zur Nächstenliebe ...

Entgegen der Erwartung des erlauchten Publikums legte Jesus seine Predigtnotizen zur Seite und hielt inne. Ja worauf wartete er denn nur? Vielleicht freuten sich die hohen Gelehrten, dass er angesichts ihrer geballten Präsenz zurückruderte und womöglich das Mikrofon einem besonders renommierten Rabbi von ihnen übergeben würde, der in der ersten Reihe saß. Aber da kam die Decke herunter ... Verhaltene Panik brach aus, doch Jesus rührte sich nicht von der Stelle. Hatte er denn gar keine Angst?

Eine extrem gefährliche und akrobatische Aktion folgte, in der die tollkühnen Freunde des Kranken ihn an Seilen herabließen. Einige im Publikum schrien vor Entsetzen auf, andere hatten bereits die Behörden informiert, dass sich hier – in einer religiösen Versammlung! – hochkriminelle Dinge abspielten, die man nie zuvor gesehen hatte.

Nicht nur unterbricht Jesus für diesen „Niemand" seine Predigt, er lässt auch zu, dass diese „Freunde" die Synagoge demontieren, um zu ihm zu gelangen und jene Heilungssalbung zu erfahren, die präsent ist, weil ER präsent ist. Wie symbolhaft das ist!

Inmitten der Trümmer des Daches, durch das wunderbares Tageslicht in die Versammlung fällt, macht Jesus unverdrossen weiter – unter offenem Himmel. Er vergibt dem Gelähmten zum Entsetzen der Schriftgelehrten die Sünden, und um den Skandal voll zu machen, befiehlt er ihm, aufzustehen, sein Bett zu nehmen und nach Hause zu gehen.

Die Versammlung der religiösen Elite hält den Atem an! Wie kann man von einem Gelähmten drei Dinge verlangen, die er unmöglich tun kann! Alle Kameras sind auf Jesus gerichtet, die ersten Gutmenschen sind voller Empörung aufgesprungen. Aber in vorbildlichem Gehorsam steht der Gelähmte auf, nimmt sein Bett und geht. Diesmal machen sie ihm Platz ...

Die Vertreter des „Systems" sind fassungslos und konsterniert, die „normalen" Leute aber jubeln mit dem ehemals Gelähmten, dessen grauenhaftes Schicksal gewendet worden ist. Ungeheure Hoffnung bricht auf; wie ein Lauffeuer verbreitet sich die Kunde. Bald würden ganze Marktplätze voller Kranker liegen. Nur die Ärzte und Physiotherapeuten legen wegen Verdienstausfall eine Klage ein. Und die Synagoge wegen Hausfriedensbruch und Sachschaden. Die Vorsteher der Gemeinde sind sich sicher, wenn Gott jemand heilen wollte, müsste er dafür ja wohl nicht den Versammlungsraum demolieren!

Experten erklären in den anschließenden Talkshows, warum es immer mal wieder zu solchen Spontanheilungen kommen kann und es sich dabei keinesfalls um ein Wunder handelt. Andere mutmaßen, es sei von vornherein eine abgesprochene Aktion gewesen und die Truppe der vier Freunde und des Gelähmten sei gut für die Show bezahlt worden. Jemand will auch gesehen haben, wie das Dach bereits präpariert worden war ...

Im Zentrum der medialen Berichterstattung steht schließlich das zerstörte Dach und die Frage nach Versicherung und Haftung. Vor weiteren Versammlungen mit Jesus wird von zuständigen Stellen gewarnt, es könnte Verletzte geben. Die polizeiliche Einschätzung Jesu als „gefährlichem Element", ja womöglich Terroristen, wird hochgestuft. Nur mit dem geheilten Gelähmten spricht keiner ...

Was würde passieren, wenn es passiert?

Soweit mein „erweiterter Bericht" von Lukas 5,17-26. Ich will damit zeigen, dass selbst etwas so Wunderbares wie die Heilung eines Gelähmten in der „Box des Systems" nicht vorkommen kann. Übertrage bitte diese Situation aus den Evangelien – du kannst auch eine beliebige andere nehmen – auf deine Gemeinde oder Gruppe und stell dir vor, etwas dergleichen würde ganz real stattfinden. *Was würde passieren, wenn es passiert?*

- Was würde passieren, wenn die Gemeindeleitung mitbekommt, dass eines ihrer Mitglieder auf die Erde gespuckt und den Dreck einem Sehbehinderten in die Augen gerieben hat? Und das, „weil es sich so vom Geist geführt sah"?
- Was würde passieren, wenn einer die Aussätzigen (Hochansteckenden) umarmen würde?
- Was, wenn einer unter der Salbung unsere Gemeinde betritt und sämtliche Dämonen aufschreien?
- Was, wenn einer tatsächlich auf dem Weg zum Friedhof von den Toten auferweckt und seiner Familie wiedergegeben würde?
- Was, wenn einer zu einer akuten Naturkatastrophe sagt: „Sei still!", und die hört auf ihn?

Wir können wirklich **jede** solche Episode aus den Evangelien nehmen, vom Staub der religiösen Verklärung und Tradition befreien und auf heute und hier anwenden. Ich rate dem Leser, die Evangelien aufzuschlagen und Kapitel für Kapitel die dortigen Ereignisse auf seinen Alltag und seine Gemeinde zu übertragen und darüber nachzudenken, was geschehen würde, wenn es geschehen würde. Denn DAS hat Jesus in der Kraft der Salbung getan. Und wir müssen davon ausgehen, dass er genau DAS durch seinen Leib weiterhin tun wird. Nichts hat sich geändert: Jesus nicht, die Salbung nicht, die Not nicht. Wer sich geändert hat, ist die Gemeinde, die sich christlich nennt und es eher nicht ist.

Ich weiß, es ist nicht einfach, dem ins Auge zu sehen, wie sehr wir Jesus die Gemeinde abgenommen haben und unsere eigene Veranstaltung daraus gemacht haben. Zuzugeben, wie blind und taub wir für den Heiligen Geist sind und das für „normal" halten, ist eine gewaltige Herausforderung an Demut. Aber dem Demütigen wird die Gnade gewährt …

Da es bei vielen Gemeinden undenkbar ist, zum Evangelium zurückzukehren und aufzuhören, Kirche zu spielen, während die Kranken *nicht* geheilt, die Dämonen *nicht* ausgetrieben, die Aussätzigen *nicht* gereinigt werden und das Reich Gottes *nicht* verkündigt wird, die Gaben, Dienste und Wirkungen des Geistes *nicht* beachtet werden, der fünffältige Dienst *nicht* benötigt wird, die Frucht all dessen *nicht* gebracht und der Vater *nicht* verherrlicht wird, gilt es für viele, die doch an Jesus und das Evangelium glauben, diese Einrichtung zu hinterfragen und das Christsein womöglich außerhalb ihrer Mauern in Freiheit und Gnade von vorne zu beginnen. Heute, in Zeiten des allgemeinen Kirchenschwunds und der Aufdeckung unglaublicher Korruption und unsäglicher Missbrauchsfälle in ihren Einrichtungen, ist dieser Schritt wesentlich einfacher als früher.

Den Weg neu betreten

Es wurde bereits jahrzehntelang versucht, die gewachsenen kirchlichen Institutionen zu verändern, aber sie sind ungeheuer schwerfällig und schleppen den Ballast von Regeln, Bedingungen und Verpflichtungen mit sich, der teilweise Jahrhunderte zurückreicht. Viele selbst extrem unsinnige Strukturen können kaum abgelegt und durch sinnvollere ersetzt werden. Die Prozesse der Erneuerung brauchen so lange, dass sie selbst schon wieder veraltet sind, sollten sie irgendwann einmal tatsächlich implementiert werden.

Die Kirche hat sich aus der schwer erkämpften Freiheit Christi zurück in die Hände der Pharisäer und Schriftgelehrten begeben, wo wie gehabt die Ruhe und Ordnung eines Friedhofs herrscht. Wir sehen: Nichts hat sich geändert. Die Evangelien sind immer aktuell. Wir finden alle Protangonisten von einst immer noch auf dem Spielfeld: die Schriftgelehrten, die Synagoge, das verschmachtete Volk ohne Hirten, die Regierung à la Herodes, also Rom. Auch die Gelähmten, Blinden, Gehörlosen, Sterbenden, Dämonisierten und Armen finden wir überall zuhauf. Wer sind WIR in diesem „Spiel"? Und wer JESUS?

Die Umkehr zu dem wirklichen Evangelium und dem wirklichen Jesus gibt uns die Chance, auch wieder die wirkliche Gemeinde zu werden. Auf dem Wege dorthin aktiviert der Heilige Geist erneut den fünffältigen Dienst, um uns das Leben in der Salbung und das Leben der Salbung in uns zu vermitteln. Gehen wir diesen Weg jedoch nicht, scheint das Evangelium vorüber, Jesus weit weg und der fünffältige Dienst deaktiviert oder schlicht obsolet zu sein.

Alles liegt also daran, den Weg neu zu betreten. Die Apostelgeschichte ist voller Hinweise darauf, dass das Christentum am Anfang als „Weg" bezeichnet wurde. Es war kein passives Sitzen in Kirchenbänken, sondern ein aktives Jesusfolgen. Es war keine durchstrukturierte Organisation, sondern eine dynamische Bewegung.

> Als nach Pfingsten die Gemeinde entstanden war, nannte man die ersten Gläubigen „die des Weges sind". In der Apostelgeschichte lesen wir: „... und erbat sich von ihm Briefe nach Damaskus an die Synagogen, damit, wenn er einige, *die des Weges wären*, fände ..." (Apg 9,2). „Als aber einige sich verhärteten und ungehorsam blieben und vor der Menge schlecht redeten *von dem Weg*, trennte er sich von ihnen ..." (Apg 19,9) „Es entstand aber um jene Zeit ein nicht geringer Aufruhr *betreffs des Weges*" (Apg 19,23).[1]

Die „neue Gemeinde" ist entschlossen, auf Jesus zu schauen, als sei es das erste Mal und kompromisslos „den Weg" zu gehen, der er IST. An der Hand dessen, der sie gerufen hat, ihm zu folgen, gehen sie einen unberechenbaren und übernatürlichen Weg, der ihre Welt in den Himmel hebt und den Himmel zu ihr herabbringt.

Seid bereit!

Zum Ende zitiere ich noch einmal aus meinen Aufzeichnungen von prophetischen Eindrücken, die ich im Gebet empfing. In einer Aufzeichnung von 2008 heißt es:

> Seid ihr bereit für das Gebet und bereit für mich, dann eröffnet sich der Weg. Der heilige Weg ist da und bereit für euch – so wie ihr bereit seid, ihn zu gehen. Ihr wartet auf etwas – auf ein äußeres Werk und Zeichen, aber ich arbeite inwendig in euch, um euch in den Zustand zu versetzten, dass ihr weitergehen und auch ankommen könnt. Ihr seid ungeduldig, wie eure ganze Kultur es ist.
> Wenige Gruppen beten ein Jahr zusammen oder länger. Das Fleisch gewöhnt sich an alles und will bestimmte Ergebnisse sehen, oder aber aufgeben und woanders hingehen. Aber ich sage euch: Gebt nicht auf! Bleibt im Prozess. Ihr seid in meiner Hand der inwendigen Bearbeitung. Bald wird das inwendige Werk nach außen strahlen. Dann, ja dann werden es Menschen sehen und sich wundern, wie ihr so sein könnt wie ihr seid.

---

[1] Richard Schutty, aus dem Artikel „Christ versus Nachfolger Jesu".

Ich habe es euch gesagt, dass Menschen zu euch kommen werden und eure Häuser alle in Kirchen verwandelt werden, also zu Orten der Begegnung mit mir werden. Auf diese Begegnung kommt es an. Nichts und niemand kann einen Menschen bekehren und verwandeln als nur ich. Immer sucht ihr nach der Form, der Struktur, der Veranstaltung usw. die das kann, aber es gibt sie nicht. ICH bin es. Zwar gebt ihr euch Mühe, auf mich zu schauen, aber noch seid ihr sehr geprägt von der Erwartung an Methoden und Veranstaltungen, Pastoren und Programme, Heil zu wirken. Aber das Heil ist in mir. ICH baue meine Gemeinde.

Nun, gebt euch meiner Hand hin. Begrüßt mein Werk in euch. Glaubt, dass ich eure Familien berühre und heile. Glaubt, dass ich euch neu aufstelle, und rechnet jeden Tag mit mir. Ich werde euch Leute schicken und Gelegenheiten geben. Betet darum, dass ihr bereit seid dafür.

Über den Autor

Frank Krause wurde 1965 in München geboren, ist verheiratet mit Brigitte und arbeitete über dreißig Jahre lang in der Krankenpflege. Er verfügt über langjährige Erfahrungen im pastoralen Dienst und engagiert sich in der Männerarbeit.

Seit 2009 widmet er sich vorrangig dem Gebet und Schreiben. Seitdem sind zahlreiche Titel erschienen.

Frank spricht in einer frischen und humorvollen Art auf Konferenzen und Wochenenden über Aspekte der geistlichen Revolution, die seiner Meinung nach in aller Welt im Gang ist.

Sein Anliegen ist es, sowohl einzelnen Menschen als auch der Gemeinde Mut zur Veränderung zu machen und der aktuellen Erweckung zu dienen.

Webseite: www.autor-frank-krause.de

BLOG: https://blog.autor-frank-krause.de

Die anderen Titel der 7+7+7-Reihe sind:

- *Initiation*
- *Das siebenfache Licht*
- *Geheimnisse der Kraft*
- *Sieben Wege, wie Gott führt*
- *In der Macht seiner Stärke*
- *Der Heilige Weg*

Weitere Bücher von Frank Krause

erschienen bei GloryWorld-Medien

Frank Krause, Sieben Wege, wie Gott führt

Der andere Weg; 152 S., Pb.

Die Frage nach der Führung Gottes treibt seit Menschengedenken Männer, Frauen und auch Gemeinschaften um, denen Gott wichtig ist und die „seine Wege" verstehen wollen.

Dass er zu uns sprechen und uns führen möchte, daran gibt es von der Heiligen Schrift her gar keinen Zweifel, jedoch braucht es auf Seiten des Menschen „Ohren, um zu hören, und Augen, um zu sehen".

Frank Krause zeigt die sieben wichtigsten Aspekte der Führung Gottes auf. Alles beginnt jedoch mit einer Erweckung und Erleuchtung unseres Herzens …

Frank Krause, Initiation

Der andere Weg; 240 S., Pb.

Wir setzen heute gemäß unserer Kultur ganz auf Wissen. Kaum mehr wird nach Begriffen wie Identität und der dafür notwendigen INITIATION gefragt. Deshalb gibt es heute viele Menschen, die nie in die Geheimnisse des Ewigen und Göttlichen oder ihre Bestimmung eingetreten sind. Sie wissen nur etwas darüber, sind es jedoch nicht geworden.

Dieses Buch über den anderen Weg geht den himmlischen und irdischen Geheimnissen nach sowie der Frage, wie wir damit in Berührung kommen und was uns dazu befähigt, all das, wovon etwa Paulus spricht, selbst zu erleben und somit zu Zeugen des echten Evangeliums zu werden.

Frank Krause, Geheimnisse der Kraft

Leben in der Vollmacht Gottes; 176 S., Pb.

Dass sie wie Jesus Kraft hatten, war ein wesentliches Kennzeichen der ersten Christen. Frank Krause nimmt uns mit auf eine Reise zu den Geheimnissen dieser Kraft. Es scheint eine Art Schleier über all den Gaben, Ermächtigungen und Verheißungen Gottes zu liegen. Aber jetzt ist es an der Zeit, dass wir diesen hinter uns lassen und der Welt zeigen, dass Gott immer noch derselbe ist. Er möchte jedes Chaos in ein Paradies verwandeln und die Gestrauchelten aufrichten.

Der Leser bekommt eine Orientierung an die Hand, welche unfassbaren Kräfte unterschiedlichster Art Gott ihm in Christus zugedacht hat und wie er diese zum Segen für andere einsetzen kann.

Frank Krause, In Jesu Sommerhaus

Meine Begegnungen im ewigen Garten

160 Seiten, Paperback

Eines Tages wird der Autor im Geist zum „Sommerhaus Jesu" mitgenommen. Dort erhält er Einsichten in eine Reihe von Themen, die darum kreisen, wie Himmel und Erde sich begegnen, u. a.: Wie stehen Zeit und Ewigkeit zueinander? / Wie lässt sich der heilige Weg in einer unheiligen Welt finden und gehen? / Das irdische und himmlische Menschenbild / Die Kirche von morgen.

Das Buch ist eine Art Handbuch der „Schule auf der Schwelle" zwischen den Dimensionen, zwischen Oben und Unten, Finsternis und Licht. Damit umzugehen, ist eine Kunst und Lebensaufgabe.

Frank Krause, In der Macht seiner Stärke

Neue Erfahrungen mit der Waffenrüstung Gottes,

176 S., Paperback

Vor unseren Augen zerbrechen alle vermeintlichen Sicherheiten, ob es das Geldsystem, die Wirtschaft, die Politik und sozialen und gesundheitlichen Absicherungen sind. Frank Krause betrachtet die „Waffenrüstung Gottes" unter diesen aktuellen Blickwinkeln.

Erstes Ziel ist natürlich, dass wir selbst wehrhaft werden, um den Listen des Teufels zu widerstehen und unser komplettes Leben seiner negativen Agenda und Manipulation zu entreißen. Doch mit der Zeit gewinnt unsere Rüstung Gestalt, sodass nicht nur wir selbst in einem geschützten Raum leben, sondern auch einen heilsamen Einfluss auf unsere Umgebung ausüben können.

Wir können die dunklen, boshaften und parasitären Strukturen dämonischer und (un)menschlicher Wesen aus der Erstarrung lösen, befreien und neu justieren. Wir bringen Licht in die Finsternis, Leben ins Sterben, Hoffnung in die Verzweiflung.

Frank Krause, Das siebenfache Licht

Der Weg zur Erleuchtung, der allen offensteht

128 S., Paperback

Das Licht Gottes will uns allen aufgehen, damit wir die Wahrheit erkennen, die uns frei macht.

Der Weg aus der Finsternis ins Licht wurde uns von Jesus Christus gebahnt, und der Heilige Geist wurde gesandt, um die Augen unseres Herzens zu erleuchten und uns auf dem Weg der Wahrwerdung zu begleiten.

Der Autor beschreibt den Prozess zunehmender Erleuchtung in sieben Stufen, um dem Leser eine Orientierungshilfe zu geben. Zudem schildert er eigene Erlebnisse mit dem „Weg des Lichts", die verschiedene Aspekte des „siebenfachen Lichtes" entfalten.

Die Geisterstadt-Trilogie von Frank Krause

Band 1: Die Geisterstadt

Das Geheimnis des Bösen; 180 Seiten, Paperback

Wie sieht Gott aktuell unsere Welt, unser Leben, den Zustand des Christentums? Welche Strategie befolgt das Böse darin, und wie ist es beschaffen?

Visionen helfen, den Horizont zu erweitern und die Welt mit neuen Augen zu sehen. Der Autor nimmt uns mit auf eine imaginäre Reise, auf der ihm Jesus Christus in einer Reihe aufschlussreicher Ereignisse das „Geheimnis des Bösen" erklärt. Es werden Zusammenhänge und Hintergründe deutlich, die wir vielleicht noch nie so gesehen haben.

Das Buch will dazu ermutigen, sich selbst tiefer auf Gott einzulassen und die eigene „Reise des Glaubens" mit ihren Höhen und Tiefen besser zu verstehen, denn mit dem, was wir nicht verstehen, können wir nur schwer umgehen.

Band 2: Unterwegs in die goldene Stadt

Lektionen des Weges; 192 Seiten, Paperback

Wir sind geschaffen für die Ewigkeit, und sie ist hier. Unser Bürgerrecht ist im Himmel – schon heute. Das Reich Gottes ist nahe herbeigekommen – zu uns allen. Aber was tun wir mit diesen großartigen Wahrheiten? Oder anders gefragt: Lassen wir uns wirklich auf sie ein?

Dieses Buch knüpft nahtlos an das Buch „Die Geisterstadt" an. Während es dort darum ging, das Böse und seine Ausprägungen zu erkennen und hinter sich zu lassen, führt der Weg nun zu der Stadt hin, die Gott baut – seiner goldenen Stadt mit ihrer geheimnisvoll strahlenden Heiligkeit.

Um in den Zustand gelangen, diese Stadt Gottes betreten zu können, gilt es eine Menge zu lernen und zu erkennen, zum Beispiel, welche fatalen Ideologien und Theologien abzulegen sind, wie Gott oft ausgebeutet wird, was Heiligung wirklich bedeutet und wie wir uns auf die bevorstehende Hochzeit vorbereiten können.

Band 3: Über die Schwelle

Vom Geheimnis des Übergangs; 208 Seiten, Paperback

Im geistlichen Leben geht es wesentlich um Übergänge: von der Finsternis ins Licht, von Egozentriertheit zu Christus-Zentriertheit. Der Autor gibt dem Leser Anteil an seinen Erlebnissen und Erkenntnissen auf diesem Weg.

Die Schwelle zur Heiligen Stadt bzw. dem Paradies Gottes können wir weder durch religiöses Verhalten noch durch hohe Moral überschreiten, sondern nur an der Hand Jesu, in der Liebe des Vaters und in der Kraft des Heiligen Geistes. Dieses Buch vollendet die im Buch „Die Geisterstadt" begonnene und im Buch „Unterwegs in die goldene Stadt" fortgesetzte Reise.

Die Trilogie „Die Schriftrolle der Liebe" von Frank Krause

Die Schriftrolle der Liebe, Band 1

Die Stadt der Liebe und dein Körper der Liebe; 160 S., Pb.

Nachdem der Autor lange um eine Offenbarung der Geheimnisse der Liebe gebetet hatte, kam eines Tages ein Engel zu ihm, der ihm die Schriftrolle der Liebe brachte.
In diesem Band wird die Schriftrolle geöffnet und gibt ihre ersten Geheimnisse preis.

Sie drehen sich um die Art der Gemeinschaft – die „Stadt" –, welche die Liebe baut, sowie um überraschende Erkenntnisse über die Bedeutung unseres Körpers. Viele Aspekte des äußeren Leibes und eine ganze Reihe von inneren Organen werden besprochen. Ihre Widerspiegelung höherer Zusammenhänge und geistlicher Prozesse ist augenöffnend.

Die Schriftrolle der Liebe, Band 2

Die Herrschaft der Liebe; 152 Seiten, Pb.

In diesem zweiten Band der „Schriftrolle der Liebe" geht es um einen Aspekt der Liebe, den wir im Allgemeinen nicht in Zusammenhang mit ihr bringen: Ihre Herrschaft.

Die Schriftrolle wird ein wenig weiter geöffnet und offenbart tiefe Erkenntnisse über den Umgang der Liebe Gottes mit uns: warum ihr Gericht nicht zu fürchten, sondern zu begehren ist; wie ihre Herrschaft die Welt und auch die Kirche (!) beendet und wieder neu erschafft; wie sie unser Leben vor ihren Spiegel stellt und uns in ihr Feuer tauft.

Diese und andere spannende Aspekte eröffnen dem Leser eine einzigartige Sicht auf den eigenen Zustand und auch auf den der Welt und der Gemeinde – durch die Augen der Liebe.

Die Schriftrolle der Liebe, Band 3

Wie die Liebe unsere inneren Festungen überwindet und uns zu Menschen des Friedens macht; 184 S., Pb.

Jeder von uns hat im Herzen ein Heiligtum. Dort sollte die LIEBE residieren, damit wir unsere göttliche Bestimmung erfüllen können. Leider hat jeder von uns auch seinen ganz persönlichen „Sündenfall" erlebt. Unser Leben hat sich von einem Paradies in ein Gefängnis verwandelt.

Der Autor nimmt uns in einer spannenden Reise mit in die „innere Burg" unseres Lebens. Dort findet der um unsere Freiheit statt. Dabei werden zahlreiche Aspekte und Dimensionen der Liebe offenbart. Wir haben die Herrlichkeit verloren; wir sollen sie wiederbekommen!

Frank Krause, Hirtenherz

Eine himmlische Vision; 120 Seiten, Paperback

Das Buch beschreibt das Abenteuer einer tiefen Begegnung des Autors mit dem dreieinigen Gott. Die Frage nach der „wahren Hirtenschaft" hat ihn in diese Begegnung getrieben, nachdem er durch seine eigenen Erfahrungen im pastoralen Dienst eher desillusioniert war.

In dieser Begegnung konnte ihm Gott Schritt für Schritt seine Perspektive, sein Herz offenbaren, was seine Beziehung zu uns, unsere Beziehung zu ihm, Hirtenschaft, Gemeindeleben und andere spannende Themen angeht.

Lassen Sie sich mit hineinnehmen ins Hirtenherz Gottes. Lassen Sie Ihr eigenes Herz mit Gottes Gedanken und seiner Liebe durchdringen.

Frank Krause, Das Geheimnis des Bundes

Den tieferen Sinn des Abendmahls entdecken; 160 S., Pb.

Weniges ist der Christenheit so vertraut wie das Abendmahl. Gerade dort jedoch, wo wir meinen, mit der Sache ganz vertraut zu sein, sie theologisch „fest im Griff", rituell bis ins letzte Detail ausgearbeitet und in unsere Gottesdienstpraxis integriert zu haben, kann uns der eigentliche Sinn des Ganzen unbemerkt aus den Augen geraten.

Der Kern, worum es im Abendmahl geht, ist die Errichtung eines Bundes. Gott sucht Verbündete! Der erste Sinn der Vergebung der Sünden ist nicht, dass wir in den Himmel kommen, sondern in einen Bund eintreten können.

Frank Krause, Haus des Gebets

Eintreten in das Mysterium Gottes; 120 Seiten, Paperback

Kaum etwas ist so inspirierend und motivierend wie das persönliche Erleben. Nicht anders verhält es sich in Bezug auf das Gebet.

Gebet – so beschreibt es der Autor – ist wie der Eintritt in ein Haus, in dem Gott wohnt, in dem der Vater auf seine Kinder wartet, in dem unsere tiefsten Sehnsüchte gestillt werden. Gehen wir hinein, werden wir durch Gottes Gegenwart verwandelt – zu denen, die wir wirklich sind. Wir gelangen in die Ruhe, die uns versprochen ist. Wir erleben seine Fülle, werden eins mit ihm.

Dies alles ist ein Prozess, und die Absicht dieses Buches ist, diesen Prozess so detailliert zu beschreiben, dass es dem Leser möglich wird, zu sehen, wo er sich auf dem Weg befindet und wie er weiterkommt.

Gott nimmt uns dabei an der Hand und führt uns Schritt für Schritt tiefer in seine Gegenwart und Wirklichkeit. Als wirklich „Erlöste" sind wir dann bereit, unsere Berufung zu leben – weil wir den Erlöser aus eigenem Erleben kennen!

Frank und Brigitte Krause

Das Elixier der Verwandlung

Vom Geheimnis des Leidens; 260 S., Pb.

Viele wünschen sich eine Erneuerung der Gemeinde und des geistlichen Lebens, häufig jedoch mit der Vorstellung, dies sei schmerzlos zu haben. Dagegen finden wir in der Bibel immer wieder, dass Gott Menschen zunächst schwierige Wege führt, damit sie ihre falsche Identität ablegen können.

In der Auflösung unserer alten Natur und Entfaltung einer neuen Schöpfung erfahren wir etwas von dem „Elixier der Verwandlung", das Gott uns mitten im Leid reicht und das uns hilft, eine Wesensveränderung zu erleben und zu verkraften. Anhand von Psalm 18, in dem der Abstieg und Aufstieg Davids drastisch beschrieben wird, erläutern die Autoren diesen Prozess.

Frank Krause, Männerdämmerung

Auf dem Weg zu wahrer Identität und Stärke; 160 S., Pb.

Viele Männer stecken in der Krise. Sie wissen nicht, wer sie sind, und spielen Rollen, um anderen zu gefallen und deren Erwartungen zu erfüllen.

Die Frage ist: Gibt es eine authentische männliche Form von Transformation, wie Männer zu „echten" Männern werden? Und wer hilft ihnen dabei, damit sie nicht nur jede Menge Porzellan zerschlagen, sondern wirklich zu einer anderen Dimension von Mannsein durchbrechen?

Der Autor zeigt auf, wie revolutionär die Lehren Jesu gerade für Männer sind.

Frank Krause, Die Akte Lot

Ein Mann im Feuer der Bewährung; 134 S., Pb.

Die Akte Lot ist ein Weckruf an Männer, sich zu fragen, wer sie eigentlich sind und wo sie wirklich hinwollen. Der Autor geht der dramatischen Geschichte von Lot und Abraham nach, die gemeinsam ein von Gott initiiertes Projekt beginnen, dann aber getrennte Wege gehen.

Auch heute stellt sich die Frage: Gehen Männer den Weg Abrahams, der sich auf Gott einlässt und die Erfüllung eines unvergleichlichen Traumes erlebt, oder lassen sie sich vom Geist der Welt (fremd)bestimmen, bis sie alles verlieren?

Gott versichert uns, dass wir es uns leisten können, Männer mit Courage und Charakter zu werden. Durch ihn werden wir zu anderen Menschen: **Söhne Abrahams, Gerechte, Weltveränderer.**

Frank Krause, Unterordnung – Segen oder Fluch

Das Geheimnis der Macht in Gemeinde und Ehe

180 Seiten, Paperback

Das Thema „Unterordnung“ spielt in der christlichen Kirche und insbesondere ihrer Sicht von Ehe eine große Rolle, aber nicht nur dort.

In jedem Miteinander von Menschen ist die Frage nach der Verteilung der Macht von entscheidender Bedeutung. Dennoch wird dieses Thema in den Gemeinden selten reflektiert und häufig wie ein Tabu behandelt, was dazu führen kann, dass Missbrauch oft entweder gar nicht als solcher wahrgenommen oder aber bagatellisiert, uminterpretiert und vergeistlicht wird.

Frank Krause, Die neun Schleusen des Herzens

160 S., Paperback

Wie geschieht es, dass die Verheißung Jesu, dass aus unserem Innern Ströme von lebendigem Wasser fließen werde, wenn wir an ihn glauben, zu unserem normalen Erleben wird? Dass andere uns als Quelle und nicht als Zisterne, als Oase und nicht als Wüste wahrnehmen?

Als Frank Krause diese Frage vor Gott bewegte, ließ dieser ihn im Geist sein eigenes Herz sehen und durchwandern. Er zeigte ihm, dass unser Herz neun „Schleusen“ hat, entsprechend den neun Aspekten der Frucht des Geistes.

Diese Schleusen wollen in uns geöffnet und freigesetzt werden, damit der Geist mit ganzer Kraft durch uns strömen kann und wir mit seiner Frucht überfließen. Nun können wir auch anderen helfen, diese Fülle zu erleben, sodass in der Folge echte Gemeinschaften der Heiligen entstehen.

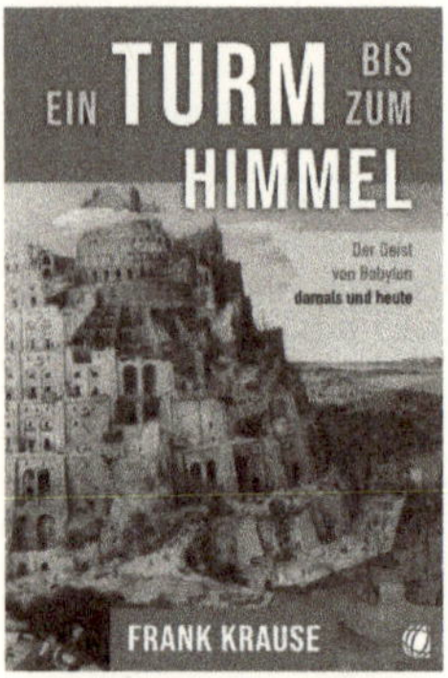

Frank Krause, Ein Turm bis zum Himmel

Der Geist von Babylon, damals und heute; 176 S., Pb.

Viele Christen meinen, die apokalyptischen Ereignisse um den Untergang Babylons kämen erst noch, der Autor jedoch glaubt, dass wir uns bereits mitten darin befinden und Zeugen des kollabierenden „Turms der Anmaßung“ sind.

Offenbar geschieht vieles, von dem wir annahmen, es würde sich nacheinander ereignen, in Wahrheit nebeneinander bzw. gleichzeitig.

Das Buch will sowohl die Vorstellungen darüber vertiefen, wer und was Babylon ist, als auch Orientierung geben, um in den turbulenten Wehen der Endzeit, durch die wir gehen, standzuhalten.

Zudem will es den Blick auf die hinter dem Irdischen liegenden himmlischen Ereignisse lenken, die mit der „großen Hochzeit“ und der Stadt des lebendigen Gottes, dem „Neuen Jerusalem“ zu tun haben. Das Ende des einen ist der Anfang des anderen.

Frank Krause, Death Valley

Im Tal der deutschen Knochen

96 Seiten, Taschenbuch

Dem Autor wurde analog zur Vision Hesekiels, der in einer göttlichen Schau sah, wie das Volk Gottes nur noch aus einem gigantischen Feld vertrockneter Knochen bestand, der Zustand der deutschen Knochen gezeigt und wie auch sie Schritt für Schritt wieder lebendig werden können. Das kleine, aber inspirative Buch konfrontiert die deutsche Gemeinde mit der Frage: Stirbst du noch oder lebst du schon?

Die Frage nach dem LEBEN – wie wir es verlieren und wiederbekommen können, aber auch wie es sich in uns entfaltet und uns verwandelt, und schließlich danach, wie wir es behalten – ist fundamental für unser Menschsein und steht im Zentrum des Evangeliums. Jesus Christus sagt: „Ich lebe, und ihr sollt auch leben!" (Joh 14,19).

Frank Krause, Ohnmacht und Triumph

Den Weg der Passion Christi mitgehen; 160 S., Pb.

Die „Ohnmacht und Triumph" möchte uns auf eine sehr persönliche Weise auf den Weg der Passion Christi mitnehmen. Dieser entscheidende Abschnitt im Leben Jesu will unser Herz verändern und unsere Beziehung zu Jesus vertiefen.

Angefangen vom Verrat des Judas beim Abendmahl, über Gethsemane, Verhör und Anklage, Verurteilung und Hinrichtung am Kreuz von Golgatha bis zu seiner Auferstehung und erneuten Begegnung mit seinen Jüngern, werden die einzelnen Abschnitte auf dem Weg der Passion Christi nachvollzogen. Der Autor hat sich die Freiheit genommen, einmal vom traditionellen Kreuzweg abzuweichen und sich eng an das biblische Original zu halten.

Frank Krause, Der Schlüssel der Verbundenheit

220 S., Paperback

Der Weg der Wahrheit und des Lebens, des Glaubens, der Hoffnung und der Liebe wird anders gegangen als die Wege in der Welt, deren Ziel eine berufliche Position und ein „gutes Auskommen" ist.

Jesus aber führt uns einen lebendigen Weg, der aus dem Herzen heraus gegangen wird und uns mit dem Himmel verbindet, ein Weg fortschreitender innerer Heilung und Neuordnung.

Da heraus findet sich eine „Weggemeinschaft" aus himmlischen und irdischen Begleitern. Freundliche Engel helfen uns und der Heilige Geist steht uns auf jedem Schritt des Weges bei. Der gute Hirte hält uns an der Hand und der Vater lässt uns nicht aus den Augen.

Frank Krause, Der heilige Weg

Leben im Geist und in der Wahrheit; 216 Seiten, Paperback

Gottes Lösung für alle unsere irdischen Probleme liegt in der Aufforderung zur Heiligung. Aber was ist Heiligkeit? Entspricht sie den religiösen Vorstellungen, die uns traditionell angeboten werden?

Der Autor bringt erstaunliche Zusammenhänge ans Licht, die uns helfen, den Weg der Heiligkeit zu gehen, der uns mit Gott in Einklang bringt. Diese Harmonie zu erfahren, ist Seligkeit und Frieden!" (Joh 14,19).

„Echte" Heiligkeit ist menschlich nicht „machbar", sondern kann nur von Gott selbst empfangen werden – geistgewirkte Heiligkeit voller Klarheit, Kraft und Schönheit.

Frank Krause, Die Armee

Impulse zur aktuellen geistlichen Revolution; 300 S., Pb.

Die Zukunft hat begonnen. Das Verlangen nach Wahrheit, Orientierung und positiven Visionen schwillt an wie eine Flut. Menschen wollen definitiv wissen, wie sie vom Heiligen Geist verwandelt werden können, um in die Dimension der Herrlichkeit Gottes und der engen Beziehung mit Jesus, genannt „Jüngerschaft", eintreten zu können.

Sie sind bereit, dafür zu kämpfen und alle Hindernisse zu überwinden. Sie haben das Spiel religiöser Nichtigkeit und frommen Missbrauchs satt und wollen zu Jesus selbst finden und mit ihm gehen – in Liebe und Wahrheit.

Frank Krause, Feuerprobe

Das kleine Buch über Erweckung in Deutschland

120 Seiten, Paperback

Das Thema „Erweckung" wird heiß diskutiert. Was sagt nun Jesus selbst zur Sache? Schließlich ist er derjenige, der uns mit Heiligem Geist und Feuer taufen möchte. Und er ist auferstanden und lebt; wir können ihn selbst danach fragen.

Das hat der Autor getan und hat in einer erstaunlichen Vision überraschende Antworten dazu erhalten, wie wir reif werden für Erweckung: Die Kirche ebenso wie das Land. Darin enthalten ist ein **Sendschreiben an die Gemeinde in Deutschland.**

Bestellen Sie im Buchhandel oder (versandkostenfrei in D) direkt beim Verlag:

GloryWorld-Medien | Beit-Sahour-Str. 4 | D-46509 Xanten
Fon: 02801-9854003 | Fax: 02801-9854004 | info@gloryworld.de

Aktuelles, Leseproben, Downloads & Shop: **www.gloryworld.de**